읽다
살다

본문 사진

남기업: ⓒ 김은석
송인수: ⓒ 복음과상황
권일한·정병오·정한욱: ⓒ 옥명호

읽다
살다

우리 시대
평신도 5인의
분투하는 성경 읽기

✹

권일한
남기업
송인수
정병오
정한욱

ℹ잉클링즈

차례

'읽기'와 '살기'의 순환이 낳은
다섯 편의 성장 이야기

− 박영호 포항제일교회 담임목사

이 책에 실린 인터뷰는 '사랑의 기록'입니다. 다섯 인터뷰이가 하는 일과 성향, 관심사와 스타일에서 느껴지는 결은 저마다 다르지만, 책에 대한 지극한 사랑이라는 공통점에서 하나입니다. 물론 그 책 중에는 성경이 있습니다.

사랑에 빠진 사람은 남이 보기에는 답답한 면이 있습니다. 실학자 이덕무는 스스로를 '간서치'(看書痴) 곧 책만 읽는 바보라 했습니다. 사랑이 아니면 그 무엇으로도 설명할 수 없는 열심을 다섯 편의 인터뷰에서 볼 수 있습니다. 성경을 공부하기 위해 투자한 돈과 시간, 노력 그리고 성경대로 살기 위해 감수했던 희생을 생각하면 그렇습니다. 물론 본인들은 희생이라 생각하지 않고 특권이요 행복한 삶이라고 고백합니다. 사랑에 빠진 사람들의 전형적인 증상입니다.

성경 말씀이 궁금해지는 은혜를 받았다고 얘기하는 분도 있습니다. 대상에 대해 궁금해지는 것 역시 사랑의 증상입니다. 성경은 그 독자를 그냥 두지 않습니다. 궁금하게 하고, 그 생각에 머무르게 하고, 가슴 뛰게 하고, 얼굴이 화끈 달아 오르도록 부끄럽게 만들고, 잠 못 이루고 고민하게 하고, 신발끈을 묶고 현장으로 달려가게 만듭니다. 성경의 내용을 알고자 하는 사랑과 성경대로 살고자 하는 열정은 서로 상승작용을 일으킵니다. 실천의 장에서 겪은 일들이 성경을 더 깊이 보게 만들고, 성경에서 확인한 진리가 실천의 장으로 삶을 내모는 '해석학적 순환'이 일어납니다. 책의 제목대로 '읽다'와 '살다'가 서로를 세워 주는 것입니다.

이 책에서 만나는 분들은 성경 초심자들에게는 저만치 앞서 있는 사람, 처음부터 나와는 다른 사람이라는 느낌을 줍니다. 그러나 인터뷰를 읽어 보면 하루 아침에 그 아득한 수준에 오른 것이 아니라, 오랜 기간에 걸친 '공부와 실천의 순환'을 통해 조금씩 쌓아온 결과라는 것을 알게 됩니다. 순간의 열정이 아닌, 오랜 시간 지속되는 꾸준함 역시 사랑의 진정한 표식입니다.

이 책에 실린 인터뷰는 '성장의 기록'입니다. 대학생 혹은 고등학생 시절부터 성경에 관심을 갖게 된 이후로 성경의 독자로서 어떻게 자라왔는지를 차근차근 얘기해주고 있습니다. 이를테면 처음에는 설교나 강해를 읽었는데, 시간이 지나면서 주석을 탐독하게 되고, 주석을 읽고 활용하는 방식도 바뀌게 되는 단계, 설교를 듣고 책의 도움을 받다가 스스로의 눈으로 성경을 해석해가는 단계들을 보여줍니다. 성경 이외의 다른 지식과 성경을 관련 짓는 방식도 바뀌게 됩니다.

이 책을 통해 독자들은 자신의 삶을 관리하는 태도를 배울 수 있습니다. 성장은 나에게 주어진 시간을 잘 관리하고 효율적으로 쓸 때 가능합니다. 이 다섯 분의 인터뷰이는 자기관리의 대가들입니다. 성경의 중요성은 알지만, 우리 대다수는 삶이 바쁘기 때문에 시간을 내기 힘듭니다. 그러나 이 다섯 인터뷰이가 우리보다 훨씬 더 바쁜 분들임을 알면서 큰 도전을 받게 될 것입니다.

이 책이 보여주는 인터뷰이들의 성장은 한국 기독교의 성장이기도 합니다. 저는 요즘 한국 성서학자들이 쓴 글을 읽고, 번역되어 나오는 책들을 접하면서 감탄할 때가 많습니다. 그러면서 제가 유학가기 전 신학생 시절에 열심히 줄 치고 메모하면서 읽은 책들을 꺼내보고 아연실색할 때가 많습니다. 번역하는 이들이 무슨 내용인지도 모르고 번역한 책들이 태반입니다. 그때에 비하면 한국 신학, 특별히 성서학의 발전은 놀랍습니다.

이 책에 나오는 '평신도'들은 성경 해석에 있어 목회자-평신도의 구분을 무의미하게 할 뿐 아니라, 부끄럽게 만드는 분들입니다. 저는 이 다섯 분의 성장이 특별한 사례이기보다는, 한국 교회의 전반적인 성장을 보여주는 예라고 봅니다. 그만큼 좋은 선생님들이 많이 계셨고, 좋은 책들이 많이 소개되었습니다. 지금은 열정적이고 성숙한 평신도들과 목회자들을 여기 저기서 만납니다. 제도교회의 각종 지표들이 하향곡선을 그리고 있지만, 신실한 성경의 사람들이 등장하고 있다는 것은 희망의 징조임이 분명합니다. 교회는 함께 성경을 읽는 공동체입니다. 지역교회 차원이 아니라, 신학교와 출판사, 신학자들과 독자 등이 함께 어우러져 만들어 가고 있는 한국 교회가 성숙한 말씀의 공동체로 성장해 갈 가능성을 이 책은 보여주고 있습니다.

마지막으로 이 인터뷰들은 '만남의 기록'입니다. 고등학교 때 만난 선생님, 대학 때 만난 교수님, 실천의 장에서 만난 활동가들, 그리고 숱한 책들… 인터뷰이들의 가슴을 뛰게 하고, 결코 이전과 같이 살 수 없게 만들었던 소중한 만남들로 빼곡합니다. 이 다섯 인터뷰이의 삶에서 불꽃을 튀긴 책들을 찾아서 읽어 보면 독자들은 감흥을 받을 수도 있고, 무덤덤할 수도 있을 것입니다. 만남은 본질적으로 개인적이고 상황적이기 때문입니다. 그때와 지금이 시간이 다르고, 사람마다 삶의 자리가 다르고, 소위 '꽂힌' 책들이 다르기 때문입니다.

책과의 만남은 주관적일 수밖에 없습니다. 그럼에도 전체적인 지형을 헤아리며 객관적인 토대를 확보한 다음에 개별적인 작품이나 주장과 만날 수 있었으면 하는 아쉬움은 있습니다. 체계적인 신학교육을 거친 이들의 책읽기와 살면서 강렬한 영향을 받은 저자 중심으로 독서 이력을 쌓아 온 이들의 차이라고 할 수 있습니다. 어느 쪽

이 부족하다는 말이 아니라, 각각의 장단점이 있을 것이며 서로 존중하고 협력하는 풍토가 필요하다는 생각입니다.

　끝으로 이런 논의를 인터뷰라는 형식으로 풀어낸 기획자와 출판사의 식견과 감수성에 박수를 보내고 싶습니다. 성경 읽기에 대한 자신의 생각과 경험을 글로 써 달라고 부탁했다면, 다섯 분의 목소리에 각각 귀를 기울이면서도 전체를 하나로 이어 길을 보여 주는 이런 책을 만들지는 못했을 것입니다. 이 책은 적절한 질문으로 인터뷰이들의 경험과 지혜를 독자의 필요와 연결시켜 주고 있습니다. 덕분에 우리 세대를 위한 모범뿐 아니라, 다음 세대를 위한 지혜를 전해주는 책이 탄생할 수 있었습니다. 이 책을 통해 우리 읽는 일이 행복해지고, 우리 삶이 더욱 깊어지기를 원합니다.

'참 나'로
살아가게 하는
힘

권일한

'제자 바보'로 사는
행복한 책벌레

강원도 시골에서 자라 시골 아이들을 가르치는 선생님이 되었다. 30년 가까이 학생들과 글을 쓰고 책을 읽으며 문집을 만들고 있다.《울리는 수업》,《10대를 위한 행복한 독서토론》,《행복한 책 이야기》,《선생님의 숨바꼭질》등 많은 책을 저술했으며, 2018년에는 교보교육대상 '참사랑 육성 부문' 대상을 수상했다. 대학 시절 선교단체에서 성경공부를 하면서 하나님을 만난 후 가장 좋아하는 책이 '성경'이 되었고, 30년 동안 성경을 묵상하며 꾸준히 책으로 엮어 왔다. 평신도의 성경 이해를 돕는《성경을 돌려드립니다》를 썼고, 성경을 공부하고 싶은 사람들과 함께 온라인과 오프라인으로 성경공부 모임을 이어 나가고 있다.

별명이 '책벌레'이시고, 개인 도서관으로 사용하시는 집 이름도 '책뜰안애' 군요. 책을 정말 좋아하는 분이라는 게 느껴집니다. 그런데 그 많은 단어 중에 '벌레'를 선택하신 이유가 있습니까?

조선시대 학자인 이덕무 선생님을 소개한 《책만 보는 바보》라는 책이 있습니다. 이덕무 선생님이 자신을 간서치(看書癡)라고 했는데, 책만 먹는 벌레라는 뜻입니다. 이 낱말이 꽤 마음에 들었어요. 책이 고급스럽고 수준 높은 이미지로 비치면 아이들하고 지내기 어렵거든요. 벌레를 좋아하고, 벌레가 나타났다 하면 모여드는 게 아이들이라, 아이들에게 친근한 이미지를 저도 좋아하게 되었습니다.

책뜰안애 한쪽은 생활공간이고, 다른 쪽은 서재 겸 모임 장소입니다. 이름을 정하면서 고민을 했습니다. 보통 '루'(樓)나 '각'(閣) 같은 글자를 쓰는데 한문은 좀 별로였어요. '뜰'이라는 말이 좋아서 편안

할 '안'과 사랑 '애'를 넣어 '책뜰안애'로 지었습니다. 책이 있는 뜰에서 편안하게 지내면 좋겠다는 뜻으로요. 뜰은 훈민정음에 없는 표현인데 제가 만들었어요. 그리고 이름을 새긴 현판 아래쪽에 초등학교 4학년 남자아이가 쓴 시를 넣었습니다. "땅에 박혀, 움직이지 못하는 식물 / 해가 뜨면서 위험과 싸움 시작이다. / 나는 식물 편이다."

어떤 메시지 같은 걸 담고 싶으셨던 건가요?

그런 건 아니고요. 시는 그냥 느낌인데, 교훈이 들어가면 시로서의 가치를 잃는다고 생각합니다. 아이들 글은 대부분 '나는 식물을 사랑해야겠다' 같은 전형적인 표현으로 끝나는데, 찬묵이는 맨 마지막에 '나는 식물 편이다'라고 썼어요. 아이의 마음이 와 닿아서 "식물 편"이라는 시를 넣었습니다. 1999년에 만난 글이고 그때 학생이 4학년이었으니까 지금은 삼십대 초반 정도 됐겠네요.

학교가 교회다

오랜 시간 교직에 몸담으며 책과 글을 매개로 아이들 마음을 돌보고 행복을 일구어 오신 삶이 큰 감동을 주는데요. 선생님께 학교란 어떤 곳인지요?

제가 대학교 때 다녔던 교회가 교대 앞에 있어서 특히 교대생이 많았는데, 목사님이 이런 말씀을 하셨어요. "너희들은 선교사다. 해외에 가야만 선교사가 되는 게 아니야. 학교에 가서 평생 퇴직할 때까지 최소한 천 명의 아이들을 만나는데, 천 명에게 복음을 전하는 선교사가 되어야지." 그때부터 학교에서 복음을 전하는 사람이 되어야겠다고 생각했습니다. 파커 파머가 비크녀의 글을 인용하여 직업을 이렇게 설명합니다. "하나님이 당신을 부르시는 장소는 당신의 깊은 기쁨과 세상의 깊은 절망이 만나는 곳이다." 저는 학교에서 아이들을 만나면 기쁩니다. 어떤 아이에겐 학교가 절망하는 곳입니다. 다른 아이는 집에서 절망한 채 학교로 옵니다. 절망을 느끼는 아이들이 기쁨을 느낀다면, 그런 학교가 바로 교회라고 생각했습니다.

제가 2007년에 마음이 몹시 아픈 아이들을 만났어요. 세 개 분교로 이루어진 학교였어요. 본교 가까운 바닷가에 분교가 하나 있고, 이쪽 산꼭대기에 분교 하나, 저쪽 산꼭대기에 하나가 있었습니다. 일주일에 한 번씩 바닷가 분교에 모여서 분교 아이들과 글을 쓰겠다고 교장 선생님께 말씀드렸어요. 그러려면 저쪽 분교에서 대관령 옛길 같은 길을 따라 15킬로미터를 내려와야 하고, 저도 비슷한 길 12킬로미터를 내려와야 합니다. 선생님 차로 말이죠. 정말 힘든 일이었는데, 교장 선생님이 허락해 주셨어요. 그래서 일주일에 한 번씩 1년 동안 가운데 바닷가 학교에 모여서 글을 썼습니다. 첫날 '나를 소개해요'라는 주제로 글을 썼는데, 15명 정도 되는 학생 중에서 12명이 엄마가 없었어요. 아이들이랑 글 쓰면서 정말 많이 울었죠. 애들이 글 쓰다 울고 저는 글 읽다 울고 했었는데, 끝날 무렵에는 아이들이 많이 회복되는 모습을 보였어요.

롤링 페이퍼 쓰는 시간에 한 아이가 남긴 글이 아직도 기억납니다. "선생님, 글을 쓴다는 건 참 행복한 것 같아요. 나 자신을 돌아볼 수 있으니까요. 다른 학교 가서도 아이들에게 행복을 나눠 주세요." 이 글을 보고, 여기가 교회가 아닌가 하는 생각이 들더군요.

가슴 뭉클해지는 글입니다.

그런 신념이 강화된 또 하나의 결정적 계기는, 2013년 신동초등학교라는 곳에 발령이 났을 때였습니다. 그 학교가 '1박 2일'이라는 예능 프로그램에 나왔어요. 일요일에 방송을 보며 20명 정도 되는 전교생 이름을 미리 외웠어요. 다음 날인 월요일에 학교에 갔는데 삼척교육청 장학사에게 전화를 받았습니다. 다른 학교로 가 달라는 내용이었습니다. 생전 처음 겪는 일이었지요. 2012년 7월 15일 소달 마을에 있는 교회에서 가스 폭발 사고가 났는데, 목사님 사모님은 사고후 며칠 뒤에 돌아가시고 아이들 9명이 중화상을 입었어요. 그중 다섯이 소달초등학교 아이들이었죠. 아이들이 몇 달 동안 병원 다니느라 학교를 제대로 못 다녔어요. 전교생 14명 중 다섯 명이 졸업하고 둘이 다른 학교로 전학 가고 나서는 입학하는 학생이 없었습니다. 학생이 딱 일곱 명 남은 거지요.

그래서 네 명이었던 교사 중에서 두 분이 다른 학교로 가야 했고, 교무부장님과 선생님 한 분이 남았어요. 그런데 교무부장 선생님(이분은 제가 아주 존경하는 형입니다)이 간이식 수술 때문에 휴직을 해야 하는 상황이 발생했습니다. 화상 환자가 있는 곳에 신규 교사 한 사람만 남았는데, 다시 신규 교사를 보낼 수는 없었어요. 발령 기간 전이면 문제가 없는데 발령이 끝난 후에 간 이식자가 나타났기 때문에, 어쩔 수 없이 추가 공문을 보내고 지원자를 모집했어요. 물론 지원자는 없었지요. 제가 장학사의 전화를 받고 딱 드는 생각이 있었습니다. '아, 하나님이 거기 가라고 하시는가 보다.' 이런 생각과 마음의 결정이 묵상이 주는 유익이겠지요.

그리고 장학사님께 배짱을 한번 부렸죠. 그분은 하나님을 안 믿는 분이었지만 제가 누님이라고 부를 정도로 친한 분이었어요. 제가 이렇게 이야기했습니다. "조건이 있습니다. 지금 사람들이 그 학교에 누가 가는지 다 보고 있을 텐데, 물어볼 때마다 '권일한이 착해서 갔다'고 말하지 말고 예수님 때문에 갔다고 얘기해 주면 그 학교 갈게요." 그분이 수락했고, 저는 발령장을 받고 그 학교로 갔습니다. 시골 사람들은 미신을 많이 믿어요. 교회에서 폭발 사고가 나면 하나님이 능력이 없어서 그런 사고가 생겼다고 생각하는 경향이 있어요. 저는 누군가가 그런 생각을 좋은 이미지로 바꿔 줘야 한다고 생각했고요.

그렇게 가서 대부분 엄마도 없고 힘들게 사는 그 아이들을 돌보면서 '여기가 교회가 아닐까?' 하는 생각이 들었습니다. 주일에 설교 듣고 헌금하고 돌아오는 곳이 아니라, 월요일부터 금요일까지 함께 하며 엄마 아빠 노릇 해 주는 바로 이곳 학교가 말입니다.

'학교가 곧 교회다'라는 말씀을 들으니, 선생님 삶이 조금 더 깊이 이해될 것 같습니다. 그런데 이 중요한 결정에 묵상이 유익한 역할을 했다고 말씀하셨는데 무슨 뜻인가요?

연말에 성경 구절을 하나 뽑아서 '이 말씀 갖고 한 해를 살아야지' 하는 태도로는 불가능하고요. 성경을 보면 '어떤 결정적 시점에 성령님께서 생각나게 하신다'는 말씀이 있지 않습니까? 성경을 묵상하다 보면 제가 어떤 선택을 해야 할 때 그런 것들이 생각납니다. 전화를 받고 이야기를 듣는 순간 가스 폭발 사고가 생각났고, '나보고 가라는 말씀이구나' 하는 확신이 들었습니다.

나의 가장 사랑하는 책

그럼 선생님은 언제부터 성경을 읽게 되셨는지요?

저는 모태 신앙인입니다. 어렸을 때는 내세울 게 없어서 성경 퀴

즈 대회 같은 데서 상 받고 칭찬받는 재미로 성경 이야기에 관심을 가졌어요. 그때 반짝 좋아했지요. 교회에서 성경 일독 프로그램에 도전하고 멈추기를 반복하다가, 고등학교 3학년 1월 1일부터 아무 생각 없이 한 달 내로 성경 전체를 다 읽어 버렸어요. 머리에 남는 건 하나도 없이 말입니다. 진지하게 성경을 읽은 것은 대학 시절부터였습니다.

30년간 가장 좋아하는 책이 '성경'이었다는 말씀을 페이스북에서 자주 언급하셨습니다. 그렇게 된 계기가 있었나요?

대학교에서 IVF(한국기독학생회)라는 선교단체에 들어갔어요. 2학년에서 3학년 올라가던 겨울방학 때 수련회를 했는데 일반적인 수련회와 전혀 달랐어요. PBS(Personal Bible Study)라고 하는 귀납적 성경공부 방식으로 2주 동안 성경만 공부하는 수련회였습니다.

첫날 창세기 3장을 읽었는데, 본문을 읽고 계속 질문을 하라고 하시더라고요. 사실 창세기 3장은 아담과 하와가 선악과를 따 먹는 이야기라서 내용을 다 안다고 생각했어요. 그날은 질문이 끝없이 나오더라고요. 취침 시간이 정해져 있지 않아 시간 가는 줄 모르고 질문을 찾다가, 새벽 4시 반쯤 돼서 의지적으로 잠을 청했어요. 그리고 6시가 되니까 운동하라고 깨우더라고요.

일어나서 달리기하고 밥 먹고 전날과 같이 성경을 보았습니다.

일주일 내내 새벽 4시에 취침하고 6시에 일어나기를 반복했어요. 제가 몸이 약해서 잠을 못 자면 버티기 힘든데, 일주일 동안 합쳐서 10시간 정도만 잤는데도 말짱했어요. 정말 놀라운 경험이었습니다. 수련회에서 이런저런 은혜를 받았다는 다양한 이야기를 들었는데, 제가 받은 은혜는 성경이 궁금해지는 것이었어요. 성경이 궁금해졌고, 궁금하니까 읽어야 했죠. 그래서 성경을 계속 읽게 됐습니다.

그렇게 묵상하시면서 선생님 인생에 다가온 말씀이나 본문이 있다면 나눠 주시겠습니까?

처음에는 특정 구절들이 좋았습니다. 우리에게 힘을 주는 구절, 보통 연말에 주어지는 '한 해 동안 나에게 주시는 말씀', 새롭게 결단하게 하는 말씀 같은 것들 말입니다. 그런데 어느 정도 시간이 지나니까 '이야기'가 좋아지기 시작했습니다. 지금까지도 가장 좋아하는 대표적인 구절은 마가복음 1장에서 예수님이 가버나움 회당에서 귀신을 쫓아내는 장면입니다. 회당에 있던 귀신 들린 자가 예수님께 "난 당신 누군지 안다"고 하면서 자기 정체를 밝히고, 예수님이 "그 사람에게서 나오라"고 하면서 귀신을 쫓아내시지요.

제가 말씀을 궁금해 하는 은혜를 받았다고 하지 않았습니까. 거기다 아이들을 가르치면서 동화를 읽고 책을 많이 읽다 보니까 머릿속에 장면이 그려지면서 이해 안 되는 부분들에 대해 질문이 생기기 시작했습니다. '어떻게 유대인들의 공식 회당에 귀신 들린 사람이 있을까?' 합리적으로 따져 봤을 때, 유대인들이 그 사람이 귀신 들렸다는 사실을 아는 경우와 모르는 경우 둘밖에 없다고 생각했어요. 만약에 몰랐던 경우라면, 예수님은 딱 보고 아는데 유대인들은 왜 몰랐을까요? 성경을 그렇게 많이 보고 특히 회당에 귀신 들린 사람이 들어오는 걸 끔찍하게 싫어했던 사람들 아닙니까? 바리새인들이 모인 곳에서 귀신 들린 사람이 아닌 척하고 있었다는 건, 그들이 분별해 낼 수 없었기 때문입니다. 겉보기에는 멀쩡해도 내면에는 어떤 문제가 있는데, 그것을 바리새인들이 구별하지 못했던 거죠. 둘째로, 만약 그 사람이 귀신 들렸다는 사실을 알았다면 어떻게 됐을까요? 쫓아냈겠지요. 바리새인들이 가만두지 않았을 겁니다. 그런데도 쫓아내지 못했다면 그들에게 그럴 능력이 없었던 거죠.

교사로서 저는 아이들을 대하며 '분별'이 중요하다고 생각합니다. 많은 성도가 '하나님이 나에게 무엇을 원하실까' 물어봅니다. 하나님 뜻을 분별하려는 거지요. 마찬가지로, 교사에게는 '저 아이는 왜 저런 행동을 할까? 어떤 부분을 도와줘야 할까?' 분별하는 문제가 매우 중요하다고 생각했습니다. 그리고 두 번째는, 분별해도 막상 해결되지 않는 일이 너무 많다는 것입니다. '아, 분별한다고 해결되지 않는구나. 문제를 해결할 능력이 있어야 하는구나.' 이 두 가지가 오랫동안 제 마음에 남아 있었습니다.

뒤이은 본문이 베드로의 집에서 예수님이 베드로 장모의 열병을 고쳐 주시는 내용인데, 소식을 듣고 사람들이 많이 몰려들어요. 그런데 그 장면을 설명하는 첫 구절이 "저물어 해질 때"입니다. 사람들은 왜 저물어 해질 때 왔을까요? 요즘처럼 가로등이나 손전등이 있는 것도 아니고, 깜깜한 밤에 횃불도 들고 환자도 부축하려면 힘들 텐데 말입니다. 바로 이날이 안식일이어서 그래요. 안식일 규정 때문에 예수님께 빨리 가고 싶은데 그러지 못한 거예요. 내 아픔을 어떻게든 치료받고 싶은데 규정이 막아서 못 간 겁니다. 그래서 요즘도 규정들이나 일반적으로 통용되는 생각들이 예수님께 가는 것을 막는 것은 아닐까 생각합니다. 해가 지기를 기다리는 마음, '안식일 언제 끝나나?' 하고 기다리는 그 마음이 너무 슬프겠다는 생각이 들어서, 오랫동안 제 마음에 남는 말씀이 되었습니다.

'궁금해 하는 은혜'로 성경 본문을 풀어내 주신 내용이 참 흥미롭습니다. 그런데 선생님은 묵상을 어떻게 하시는지요?

수련회에서 질문이 생겼을 때가 1992년 1월이었던 것 같아요. 그리고 나서 큐티를 해 보려고 했었는데 잘 안 되더군요. 큐티집이나 큐티에 도움을 주는 책들을 읽고 그것을 따라 묵상하고 했었는데, 몇 년쯤 하니까 질문이 저와 안 맞는다는 걸 알게 됐어요. 질문을 따라가면 이야기를 못 따라가고, 제가 보고 싶은 성경 본문들이 잘 안 보여요. 그래서 성경 말씀을 읽고 생각하며 공책에 쓰기 시작했습니다.

시간이 지날수록 묵상 내용이 쌓이고 묵상이 깊어졌습니다.

묵상은 매일 하셨나요?

거의 날마다 한 것 같습니다. 1993년 공책을 보니, 묵상이라기보다 주로 공부를 했어요. 처음에는 하루에 성경 한 장을 읽고도 쓸 내용이 조금밖에 없었어요. 그래서 공부한 것을 쓰기 시작하면서 습관이 됐고요. 2000년쯤부터는 워드프로세서 같은 프로그램을 이용했는데, 적고 난 다음에도 중간에 생각나는 것을 다시 끼워넣기가 편하더라고요.

그 내용을 묶어 책으로도 만드셨지요.

저는 학교에서 아이들과 글을 쓰고 문집을 만들어요. 아이들이 쓴 글을 1학기에 4번, 2학기에 3번 발행하고, 1년 동안 쓴 글을 모아서 한 권으로 펴냅니다. 30년 동안 이렇게 해 왔기 때문에 책 만드는 일이 저한테는 쉬운 편입니다. 그래서 묵상한 내용으로 책을 한 권씩 만들게 된 거죠. 그러면 보기도 편해서요.

모든 그리스도인은 성경을 읽고 해석할 능력이 있다

2015년에는 《성경을 돌려드립니다》라는 책을 내셨어요. 평신도가 성경 읽기에 관한 책을 냈다는 사실이 꽤 인상적이었는데, 어떤 계기로 책을 쓰셨나요?

1992년 1월에 성경이 궁금해지는 체험을 하고 그해 IVF 소그룹 모임을 하면서 정말 좋았어요. 후배 한 명이 저희 소그룹에 들어왔는데, 궁금한 게 정말 많은 후배였어요. 그 친구가 계속 질문하고, 저는 대답하려고 노력했습니다. 그때 갈라디아서를 읽었는데, 그 딱딱하고 어려운 본문을 읽고 많이 울었어요. (지금은 왜 울었는지 기억조차 못하지만 말입니다.) 혼자 성경을 봤다면 불가능한 경험이었을 텐데, 후배 질문 덕분에 같이 고민하고 같이 은혜를 누렸습니다.

교사가 되고 나서도 동해와 삼척 지역 교사 모임을 만들었어요. 적을 때는 서너 명, 많으면 열 명가량 모여서 성경공부를 했어요. 함께 질문을 만들고 답도 함께 찾아가는 방식으로요. 사실은 주로 제가 질문에 대답해 주고 다른 분들은 질문을 하는 편이었는데, 3-4년 하고 나면 이렇게 얘기하더라고요. "아니, 우리는 잘 모르겠는데 어디서 그렇게 답을 찾습니까?" 그래서 성경 해석과 관련된 책들 몇 권을 소개해 줬습니다. 《성경을 어떻게 읽을 것인가》(더글러스 스튜어트, 고든 D. 피), 《어떻게 성경을 읽을 것인가》(A. J. 코니어스), 《성경, 어떻게

적용할 것인가》(송인규) 같은 책이었는데, 다른 분들은 이 책들이 어렵다고 하더라고요. 함께 하던 분들이 떠나고 새로운 분이 오면 성경을 어떻게 읽는지 또 묻고, 책을 소개하면 어렵다고 말하는 상황이 반복되었어요.

그러다 2010년 즈음에 이런 생각이 들었습니다. '나는 책을 좋아하고 성경에 관심이 많지만, 다른 사람들에게는 성경이 어려울 수 있겠구나.' 그리고 그때 이런저런 사정으로 성경공부가 필요한데 교회에서 만족을 느끼지 못해 다른 교회로 가려고 하는 분들이 계셨어요. 목사님께 허락을 받고 그분들과 함께 성경공부를 했어요. 그런데 7-8년 정도 같이 하고 난 후에도 혼자서는 못 하겠다고 하세요. 그래서 언제까지 이분들을 모셔 놓고 같이 성경공부를 해야 하나 고민이 들었습니다.

그러면서 성경 해석 원리를 설명해 주는 쉬운 책이 필요하다는 판단이 들었습니다. 시중에 있는 책들은 목회자와 학자, 신학생 대상이어서 다소 어렵습니다. 그래서 평신도가 평신도를 위해서 책을 쓰면 도움이 되지 않을까 하는 생각으로 그 책을 쓰게 되었지요. 아쉬운 점은, 책이란 책을 좋아하는 사람들이 보는 것이다 보니 정작 제 책이 필요한 분들은 안 본다는 겁니다. 성경을 잘 안 읽고 묵상이 힘든 분들이 읽어야 하는데, 그분들은 책을 읽기보다 목사님 말씀에 의존하는 경향이 더 많아서 안타깝지요.

책의 서두에서 "모든 그리스도인은 성경을 읽고 해석할 능력이 있다"고 못 박으셨습니다. 그런데 여전히 교회 내에는, 성경 해석은 특정한 사람들만 할 수 있다는 생각이 존재하거든요. 그에 대해 어떻게 생각하시나요?

출애굽기를 보면, 19장까지는 시내산에 가는 이야기이고, 20장부터 모세가 십계명을 받는 장면이 나옵니다. 20장에서 모세가 시내산에 올라갔을 때, 하나님이 경계를 정해 주시고 백성들에게 경계를 넘어오지 말라고 말씀하시지요. 하나님이 경계를 정해 주셨다는 것은 사람들이 많이 기억하는데, 같이 일어난 한 가지 중요한 일은 잘 기억하지 못해요. 하나님이 말씀하실 때 백성이 두려워합니다(출 20:18-20). 하나님은 백성에게 직접 말씀하려 하시는데, 그들은 하나님 음성을 직접 듣기가 두려워서 모세를 통해 듣고 싶어 했어요. 이 부분이 제게는 이렇게 들렸습니다. '여호와께서 하는 말씀을 백성들이 직접 들어야 한다. 모든 사람이 여호와의 말씀을 듣기 원한다.' 그러나 백성이 거절했지요. 모세의 말이라면 거절해도 되지만, 여호와의 말씀을 직접 들으면 순종해야 하니까요. 순종하지 않는다면 자기 잘못이 되기 때문에, 백성은 모세에게 떠넘길 여지를 남기고 싶어 했습니다.

민수기 11장 26절에서도, 모세가 70명의 장로를 모았을 때 장막으로 가지 않았던 엘닷과 메닷이 진영에서 예언을 합니다. 이때 여호수아가 이 사람들이 이상한 짓을 하고 있으니 말리라고 주장하자, 모세가 이렇게 이야기하죠. "나는 오히려 주님께서 주님의 백성 모두에게 그의 영을 주셔서, 그들 모두가 예언자가 되었으면 좋겠다."

종교개혁만 봐도, 루터가 모든 사람이 다 성경을 읽어야 한다는 생각으로 라틴어로 된 성경을 독일어로 번역하지 않았습니까? 저는 여기서 말하는 '모든 사람'이 하나님의 말씀을 읽고 해석할 수 있음을 당연하게 생각합니다. 물론 성경을 어느 정도까지 해석하느냐의 문제가 있는데, 전문적인 부분은 교수나 신학자 같은 사람들이 공부해야 하겠고요. 일반적인 부분은 목사들이 해석하는 정도의 수준이겠지요. 성도들이 그분들보다 부족할 수는 있지만, 기본적인 수준에서는 다 읽고 해석할 수 있다고 생각합니다.

묵상하실 때 평신도로서 어떤 도구나 기준을 갖고 계시는지, 또 주석을 보는 부분에 대해 어떻게 생각하시는지 궁금합니다.

제가 전문적인 공부를 한 것은 아니지만 어쨌든 제 경험을 말씀을 드릴게요. 처음 성경을 읽으면 이해가 어렵기 때문에 설교집이나 주석이 도움이 됩니다. 설교집의 단점은 그것이 목사의 해석이라는 점인데요. 목사님이 시대에 맞추어 해석하고, 교회 성도들에게 적합한 수준으로 말씀을 전달하기 때문에 분명한 한계가 있습니다. 그래서 의지한다기보다 도움을 받는 차원에서 보았지요.

주석은 주로 초기에 참고했습니다. 왜냐하면 성경에 대해 아예 모르는 시기니까요. 그때 주석을 보면서 '아, 이게 이런 뜻이구나', '이 사람은 이걸 이런 방식으로 해석하는구나' 하면서 배웠습니다. 그렇게 몇 년 지나면서 여러 책을 보니, 하나의 구절에 대해 A 학자가 말하는 바와 B 학자가 말하는 바가 정반대되는 경우를 확인하게 되었어요. 좀 더 자세하게 살펴보니 C, D, E, F, G의 견해들이 있었지요. 그래서 성경을 어느 정도 알게 된 뒤에는, 주석은 정말 이해 안 되는 부분에 대한 해석을 참고하는 용도로 사용하게 되었습니다. 그러면서 당대 사람들의 생활과 관련된 역사적 측면과 해당 말씀의 신학적 측면, 두 가지를 같이 보려고 노력했고요. 이렇게 하려면 강해서처럼 성경 자체를 해석하는 책들을 좀 봐야 합니다. 사실 저는 강해서가 재미있었는데 다른 분들에게 썩 재미있지는 않을 것 같습니다.

요즘은 대한성서공회에서 검색해요. 예를 들어 '하나님'을 치면 그 단어에 대한 용례가 다 나옵니다. 또 '바이블 허브 닷컴'(biblehub.com)이라는 사이트에는 영어 성경을 19개 버전으로 보여 주어 비교와 대조가 가능해요. 또 히브리어 색인이 번호순으로 정리되어 있어서, 한 단어를 클릭하면 단어의 뜻과 그 단어가 어떤 성경에 쓰였는지 등을 모두 확인할 수 있습니다.

성경을 읽는 일이 참 쉽지 않은 것 같습니다.

네, 그렇지요. 성경은 일단 분량도 많고 어려운 책이기 때문에 노력을 기울여야 하는 것이 사실입니다. 하지만 성경은 읽을 때마다 새롭다는 생각이 늘 들어요. 저희 가족이 합해서 무려 80번이나 읽은 책이 있어요. 그런데 다시 읽으면 새롭다는 느낌이 들지는 않습니다. 그런데 성경은 달라요. 아주 익숙한 말씀인데도 읽다 보면 새롭게 떠오르는 생각들이 있습니다. 그래서 성경은 계속 이야기가 샘솟는 책, 끊임없이 흘러나오는 이야기라고 생각합니다.

페이스북에서 사람들을 모아 성경공부 모임을 해나가시는 모습이 신선하게 다가왔습니다. 어떤 취지로 시작하게 되셨나요?

지금 제가 하는 성경공부 모임은 두 가지입니다. 하나는 한 달에 두세 번 모여서 성경의 한 부분을 쭉 묵상하는 모임인데요. 2년 전 페이스북에 "같이 성경공부 할 사람 모이십시오" 공고를 내고 시작했었죠. 사실 그때까지 거의 25년 동안 쉬지 않고 이어 온 모임이 있었는데, 코로나 때문이기도 하고 이런저런 이유로 모임을 못 하게 됐어요. 어느 날 문득 SNS나 인터넷이 발달해 있는 요즘 굳이 동네 사람들끼리의 모임을 고집할 필요가 없겠다는 생각이 들었어요. 그래서 공고를 냈고, 조건으로 신천지 이만희를 욕하는 사람만 받기로 했습니다. 사람들이 아주 좋아하더라고요. 그렇게 모여서 2년 동안 사무엘상하를 묵상하고 나서 2022년 9월부터는 9명이 모여 로마서를 묵상하는 새로운 모임을 시작했습니다.

또 하나는, 지난여름에 제가 성경 묵상한 내용을 사람들에게 이야기해 주다가 사람들이 제 이야기를 좋아한다는 생각이 들었어요. 이게 강사들의 착각인지도 모르겠네요. 사람들이 좋아한다는 착각 말입니다(웃음). 그래서 사람들 앞에서 나누어야 하나 입을 다물고 있어야 하나 고민하다가, '모르겠다. 한번 해 보자' 하고 "1만 원씩 내고 들으시오"라고 공고를 냈습니다. 제가 공립학교 교사라 돈을 제 주머니에 넣으면 안 되거든요. 돈을 어떻게 할까 생각하다가 떠오른 것이 로힝야 난민들이었습니다. 그래서 세이브더칠드런을 통해 로힝야 난민 아동 돕기를 해야겠다고 생각했지요. 그런 취지로 온라인 성경 묵상 나눔을 한다고 공고를 올렸고, 평균 20명 정도의 사람들이 왔습니다. 많을 때는 30명, 적을 때는 10명 정도였어요.

얼마나 자주 모이셨나요?

한 달에 한 번씩 하는 모임입니다. 주로 제가 성경을 읽으면서 해석했던 원리들에 관해서 이야기했어요. 성경을 연결해서 읽는다, 당시 상황을 알아야 한다, 지명을 확인하고 위치를 알아야 한다 등 여러 규칙을 설명했습니다. 이제 이 모임은 없습니다만, 시기와 대상을 달리 해서 성경을 스스로 읽고 싶어 하는 분들을 위해 계속해서 새로운 모임을 꾸리고 있습니다. 2022년 9월부터는 교사를 대상으로 '성경을 어떻게 읽을까?'라는 주제로 강좌를 열기도 했습니다.

'평신도 성경 교사'로서 좋은 역할을 보여 주시는 것이 매우 뜻깊은 일이라고 생각됩니다. 이렇게 기존 교회의 틀 안에서 조금은 다른 시도를 하시게 된 계기가 있나요?

우선은 저 자신이 묵상을 좋아한다는 것이 가장 큰 이유겠지요. 그리고 같이 성경공부를 했던 분들 중에 교회는 안 나가는데 성경을 공부하러 오는 분들이 계셨어요. 중도에 신앙을 잃어서 교회에 가지 않는데 우리 모임이 정답을 얘기하지 않고 자유롭게 질문을 해도 되는 분위기여서 나오는 분도 있었고요. 같이 성경을 2-3년 공부하다가 이제는 교회에 가고 싶은데 어떤 교회에 갈지 고민을 하시기에 교회를 추천해 드리고, 성경공부는 계속하자고 권유하기도 했어요. 그러다가 먼 곳으로 발령이 나면 좋은 교회 만나라고 축복해 드리곤 합니다.

또 목사님 설교가 만족스럽지 않아 교회를 옮기는 분들이 계십니다. 제가 이사하면서 간 교회도 그랬어요. 그 교회에 십 년 넘게 다닌 분들이 교회를 떠나더라고요. 그때까지 계속 목사님 한 분이 교회를 이끌어 오셨고, 떠나려는 분들은 안수집사, 찬양팀 리더 등 핵심 구성원이었어요. 왜 떠나려 하느냐고 물었더니 말씀이 만족이 안 된다고 해요. 그래서 제가 '다른 교회에 가면 말씀이 만족이 될 것 같으냐. 여기가 강원도 시골인데 설교 잘하는 목사님 만날 수 있느냐. 같이 성경공부를 하자'고 권유했어요. 같이 성경공부하면서 정말 좋아하더라고요. 다행히 담임목사님이 워낙 인격적인 분이라 허락해 주셨고요. 이런 일들을 겪으면서 목사님 설교만으로는 부족하다는 생각이 강해졌고, 교회 안에서도 성경공부를 시작하게 됐습니다.

또 한편으로는, 대학교 졸업하면서 읽은 폴 스티븐스의 《참으로 해방된 평신도》라는 책이 큰 영향을 미쳤어요. 그 책을 읽고 너무 좋아서 《평신도가 사라진 교회》, 《21세기를 위한 평신도 신학》 같은 저자의 다른 책들을 계속 읽어 나갔지요. 저자는 《21세기를 위한 평신도 신학》에서, 평생 동안 일주일에 설교 두 편을 들으면서도 공공연하게 다른 이들에게 성경을 열어 보일 능력이 없는 교인을 양산하는 시스템을 비판합니다. 그리고 종교개혁 이후 개신교회에서 다시금 성경을 평신도의 손에서 빼앗아 성경학자의 손에 넘겨줌으로써 종교개혁이 불완전해졌다고 말합니다. 이분의 책을 읽은 것이 결정적인 계기가 되어서, 평신도가 스스로 성경을 읽고 해석하며 함께 교회를 이루어야 한다는 생각을 갖게 되었습니다. 그다음으로는 김교신 선생님이나 멜란히톤 같은 분이 있는데, 특히 멜란히톤을 아주 좋아합니다.

어떤 면을 그렇게 좋아하시나요?

김교신 선생님은 신학교를 나오지 않고 우치무라 간조 강연회 같은 곳에서 배우다가 〈성서조선〉을 만들었어요. 그게 지금부터 90년 전 이야기입니다. 그 시대에 신학교도 다니지 않은 사람이 그런 실천을 했다는 사실이 저에게 큰 자극이 되었어요.

멜란히톤이라는 인물도 신학교를 나온 분이 아닙니다. 탁월한 언어학자이고, 별명이 '독일의 교사'라고 하죠. 루터 곁에 '아우크스부르크 신앙고백'의 기초를 만든 멜란히톤이 없었다면, 아마도 한쪽 날개가 없어 날지 못하는 상황이었을 거예요. 그는 신학교를 안 나왔으면서도 직접 세례를 주었던 분입니다. 제가 멜란히톤을 너무 좋아

해서 독일에 갔을 때 그분 생가를 찾아가기도 했답니다. (집을 찾으려
고 사람들에게 아무리 물어봐도 사람들이 제 말을 못 알아듣더라고요. 나중에
알았는데 독일 발음은 '멜랑크톤'이었습니다.)

**책을 통해 만난 위대한 평신도들의 삶에 큰 영향을 받으신 것 같습니다. 그렇
다면 앞서 학교를 교회로 여기신다는 말씀도 이 평신도 신학과 일맥상통하
는 이야기일까요?**

그렇습니다.

내러티브의 힘

**다양한 분들과 함께 성경을 공부해 오신 이야기들을 해 주셨는데, 가정에서
자녀들에게는 어떻게 성경을 가르치고 계시는지 궁금합니다.**

저는 이야기를 좋아하고, 아이들에게 이야기를 들려주는 게 가
장 큰 선물이라고 생각합니다. 늘 이야기를 들려주려고 노력했죠. 옛
날에 할머니 할아버지들이 아이들에게 이야기를 들려주는 모습 참
좋거든요. "옛날 옛적에 이런 일이 있었어.…호랑이가 어떻게 했어."
그래서 성경을 이런 이야기로 바꿔서 들려줬습니다.

부모들은 자녀에게 책을 읽히려고 비법 같은 것을 찾아요. 하지만 그런 비법들은 웬만해서는 실천하기가 어렵고, 잘 통하지도 않아요. 아이들이 책을 안 읽는 이유는 자기 이야기가 아니기 때문이거든요. '옛날이야기가 나랑 무슨 상관이 있어' 하는 거죠. 근데 자기와 관련이 있으면 읽기 시작합니다. 그래서 저는 이야기에 아이들을 등장시키라고 권유해요. 《성경을 돌려드립니다》에도 썼듯이, 여리고 성 전투를 벌이는 동안 무수한 이야기들이 있을 텐데 성경에는 간단하게 적혀 있어요. '하루에 한 바퀴 돌았어요. 엿새 동안 그렇게 한 바퀴씩 돌았어요. 마지막 날 일곱 바퀴 돌았어요. 소리쳤어요. 무너졌어요.' 이러면 재미가 없어요. 아이들이 좋아하지 않죠.

저희 첫째 아이는 과묵한 편이고 둘째는 수다쟁이예요. 이 아이들을 데리고 도는 상상을 해 보는 겁니다. 여리고 성의 반경이 400미터쯤 됐다고 들었고, 거기서 활을 한 방 쏘면 300미터 정도 날아갑니다. 활 쏘는 영역을 벗어나서 돌아야 하니까 전체 3-4킬로미터 정도 되는 거리를 돌게 돼요. 200만 명이 그 장거리를 돈다고 생각해 봅시다. 100명이 100줄씩 서도 1만 명인데, 이렇게 돌다 보면 앞줄에서 출발한 사람이 목적지에 도착해도 줄의 끝은 출발도 하지 못한 상태일 수도 있어요. 그런 상황을 그려 보는 거죠.

돌면서 말을 못 하는데 첫째에게는 전혀 문제가 되지 않습니다. 과묵하니까요. 그런가 보다 하고 그냥 도는 거고요. 둘째는 말을 하고 싶은데 못 하니까 속으로 투덜거리면서 걷겠죠. 입에서 말이 튀어

나오려 하면 옆에서 아빠가 조용히 하라고 하고 핀잔을 줍니다. 그렇게 다 돌고 천막에 들어가면, 첫째는 조용히 있는데 둘째는 '아, 정말 말도 못 하게 하고, 이게 뭐 하는 짓인지 모르겠다' 투덜대겠죠. 게다가 마지막 날은 일곱 바퀴를 돌아야 하는데, 최소 25킬로미터입니다. 매우 먼 거리입니다. 성경에는 일곱 바퀴 돌고 소리를 지르니까 무너졌다고 간단하게 서술되어 있어서 아무 느낌이 없어요. 생각해 보세요. 아이와 말도 없이 25킬로미터라니. 미칠 지경입니다. 최소 일곱 시간 걸은 다음에 외치라고 하니, 첫째는 '야~' 하고 소리칩니다. 둘째는 '진짜, 당신들 때문에 말도 못 하고 말이야'라고 울분을 토하며 소리 높여 '악~' 합니다. 이런 식으로 성벽이 무너졌다고 이야기하면 아이들이 여리고 성 전투를 잊지 않습니다. 그리고 왜 돌았을까 질문하는 거예요. 아이들에게 생각할 시간을 주면서요.

이후에 설명해 주었어요. "이스라엘 백성이 40년 동안 광야에서 뺑뺑이 한 사람들인데 첫 번째 만난 성에서 해야 하는 일이 도는 거야. 40년 동안 지겹게 했던 걸 한 번 더 해야 해. 순종하는지 봐야지. 그래서 돌았던 거야. 또 이스라엘은 40년 동안 내내 불평불만을 내뱉었어. 하나님이 조용히 시키시고 순종하는지 지켜보신 거지. '입 다물고, 뺑뺑 돌기!' 두 가지를 통과해야 약속의 땅에 들어갈 수 있어." 그러면 아이들 머릿속에 말씀이 남는 거죠. 그런 식으로 이야기로 바꿔서 들려줬습니다.

저도 정말 흥미진진하게 들었습니다. 그럼 혹시 가정예배는 정기적으로 드리시나요?

가정예배는 안 드리고요. 가끔 신년이 되면, '성경을 좀 읽어 보자. 매번 읽기 어려우니까 오늘 마태복음을 끝내자'는 식으로 함께 성경을 읽은 적이 있습니다. 특별히 시간을 정해서 하는 건 아니고요.

제가 중고등부 교사를 오래 했고 저희 아이들도 중고등부를 다녔기 때문에, 자연스럽게 성경 이야기를 할 때가 많았습니다. 그리고 제가 온라인으로 성경공부를 하면 옆에 앉아서 재미있다고 듣습니다. 그렇게 저희 아이들은 자연스럽게 성경을 접하게 됐어요. 그러다 보니까 어렸을 때 첫째가 세 번 정도 완독했고, 둘째가 한 번인가 두 번 읽었습니다.

마지막으로, 선생님께 성경이란 무엇인지 한 문장이나 단어로 간단하게 대답해 주시겠습니까?

한 낱말이나 문장으로 말하기는 아무래도 어렵겠습니다. 저에게 성경은 이야기여서, 아브라함이 갈대아 우르를 떠나게 되는 이야기를 가지고 말씀드릴게요. 창세기 12장에서 하나님이 이렇게 말씀하세요. "너는 너의 고향과 친척과 아버지의 집을 떠나 내가 네게 보여 줄 땅으로 가라." 여기서 '가라'는 히브리어로 '러카 레크'인데요. 발음은 영어 음역이어서 정확하지는 않습니다만, 이건호 목사님은 이 부분을 '너 자신이 되기 위해서 가라'는 뜻으로 해석했습니다. 또 어떤 유대 랍비는 '안으로 들어가라'는 뜻으로 해석하는 것을 책에서 읽은 적이 있어요.

아브라함이 갈대아 우르에 있으면 자기 자신이 되지 못하고 주변 사람들이 원하는 바와 그 문화에 휩쓸려 살아가는 사람밖에 못 되었을 것 같아요. 아브라함은 하나님 앞에서 진정한 자신으로 살기 위해서 떠나야 했습니다. 저는 건물로서의 교회보다는 제가 있는 곳에서 아이들을 섬기는 게 중요하다고 믿습니다. 주변 문화에서 비롯된 '이 정도는 되어야지' 하는 기준들, 차나 집을 소유하는 것 등에 대해 신경을 쓰지 않고 삽니다. 하나님 앞에서 나 자신으로 사는 게 중요하다는 믿음 때문이에요. 그러니까 주신 질문에 답을 드리자면, 하나님 앞에서 진짜 나로 살아가게 하는 것 그것이 바로 성경이 아닌가 생각합니다.

오랜 회의를
넘어 다시
감격으로

남기업

토지정의와
희년 사상 품은
열혈 활동가

하나님 나라가 세상에서 구현되는 방식을 찾기 위해 정치외교학을 전공했다. 대천덕 신부의 《신학과 사회에 대한 성경의 가르침》을 읽고 감명을 받아, 토지공개념의 원류인 헨리 조지의 사상을 주제로 정치학 박사학위를 받았다. 토지+자유연구소(landliberty.or.kr) 소장으로 근무하고 있으며, 20대 대통령 선거 과정에서 부동산 정책 공약 수립에 참여했다. 4년간 아파트 입주민 대표 회장을 했던 경험을 묶어 《아파트 민주주의》라는 책을 썼으며, 토지정의와 희년 사상을 세상 속에서 실현하는 방식을 끊임없이 고민하며 살아가고 있다.

하나님 나라의 구체적 대안을 찾아서

'토지+자유연구소' 소장으로 일하고 계시는데요, 연구소에 대한 간단한 소개 부탁드리겠습니다.

우리 연구소는 2007년 11월 4일에 출범했는데, 이 이름은 '토지가 없으면 자유도 없다'는 뜻입니다. 모든 사람이 토지에 대한 권리를 평등하게 누릴 때 자유로워질 수 있다는 뜻이에요.

연구소의 모태는 지금의 '희년 함께'라는 기독교 단체였는데, 모여서 활동하던 분들 중에 저처럼 헨리 조지를 연구했던 분들이 많이 계셨습니다. 이론 연구뿐 아니라 정책 연구가 필요하고 그래야만 나라를 바꿀 수 있다는 데 뜻이 모아졌고, 그러다가 연구소를 설립해서 지금까지 이어져 왔지요.

이렇게 시민운동가로서의 삶을 선택하게 된 계기가 있으신가요?

돌아보면 자연스러운 귀결이었어요. 제가 정치학을 선택하고 헨리 조지를 공부했던 이유는 학문적 호기심이 아니었어요. 어디 취직해야겠다는 생각도 없었어요. 어떻게 세상을 바꿀 수 있을까, 그 성경적 원리가 뭘까, 숱하게 고민하던 차에 헨리 조지를 만났거든요.

제가 대학 다니던 90년대에 기독교 세계관 담론이 아주 융성했어요. 지금은 많이 사그라들었지만요. 세계관 책을 많이 읽었는데, 사실 저는 딱히 해답을 찾을 수가 없었어요. 뜬구름 잡는 얘기 하는 것 같았고요. 거대 담론이어서 그렇겠지만, 우리 현실을 바꿀 수 있는 구체적 대안이 없고, 이런 식으로 논의해서는 아무것도 안 나온다고 생각했습니다. 그래서 사회과학으로 전향을 했지요.

하지만 성경을 토대로 정책적·이론적 기반을 잘 다질 수 있다면 그것을 실행하는 사람이 되어야겠다는 생각은 오래전부터 해 오던 터였습니다. 그래서 2005년 초 박사학위를 마치던 당시 토지정의시민연대라는 단체가 출범했을 때, 그 단체의 실무 책임자로 들어갔죠. 제가 원래 학문을 깊이 연구하는 것보다 실행하고 싶은 욕구가 강하고, 그래서 자연스럽게 운동과 연구를 병행하는 사람이 된 것 같습니다. 제가 계획했던 것이 아니라 그냥 자연스럽게 길이 열려서 걸어온 거죠.

언젠가 소장님이 모임 후 나가면서 세월호 팻말을 꺼내 몸에 착용하시던 모습이 기억나는데요. 현장에서 운동하는 삶이 다 그렇듯 많이 고단하셨을 것 같습니다.

처음에는 너무 힘들었어요. 에너지가 고갈되고 지치더라고요. 사람들 시선이 느껴지니까 집에 오면 많이 지치곤 했지요.

그 일을 시작한 이유가 있으신가요?

세월호 참사 당시 수많은 언론들의 보도를 보면서, 이렇게 간다면 진상을 밝힐 수 있겠다고 생각했어요. 모든 국민이 애도하는 마음이었고, 한 2개월 정도는 '어떻게 이럴 수 있느냐'는 분위기였어요. 그런데 2-3개월 지나니까 언론의 보도가 달라지더라고요. 유족들이 돈을 요구한다는 등 사실 확인도 없이 이상한 유언비어가 퍼지고 그 내용이 교회 카톡방에 올라오고요. 기가 막혔습니다. 그런데 언론은 진실을 소개하거나 오류를 바로잡거나 하는 역할을 전혀 못 하는 겁니다. 너무 답답해서 어떻게 해야 하나 고민하다가 나라도 해야겠다는 결심이 생겼습니다. 그래서 팻말에다 사람들이 헷갈리는 부분을 응축한 문구를 만들어서, 출퇴근길에 목에 걸고 다녔어요. "이 사건은 단순 사고가 아니다."

그리고 문구를 2주에 한 번씩 바꿨어요. 2014년 8월 10일이었을 텐데, 제가 걷기를 좋아해서 30분가량 걸리는 교회까지 걸어가고 있었어요. 처음으로 팻말을 메고 아파트를 지나 걸어가는데 사람들이 쳐다보는 것 같은 느낌이 들고, 교회에 들어가니까 '뭐야?' 하는 분위기였어요.

교회 안까지 메고 들어가셨군요.

일부러 예배당에 메고 들어갔어요. 왜냐하면 교회 카톡방에서 잘못된 정보가 많이 퍼지니까요. 그래서 예배위원들이 좀 황당해 했죠. 예배 자리까지 메고 들어갔으니까요. 그러다가 어떤 분이 "떼고 들어오면 안 되냐?" 하시기에, "왜 떼고 들어오죠? 제가 잘못한 것도 없는데요" 하고 응수한 적도 있습니다.

2015년부터는 일요일마다 진행하는 피케팅에 부목사님과 전도사님들도 참여할 정도가 되었지만, 장로님들과 담임목사님이 우리를 못마땅해 하셨어요. 찾아가서 담임목사님과 설전을 벌였는데, 목사님도 자기 생각이 강하셨어요. 그래서 제가 유가족과 내부 간담회를 가져 보자고 제안을 했고, 마침내 그해 10월 말 유가족 4명과 저를 포함한 우리 교인 3명과 목사님, 이렇게 8명이 간담회를 가졌습니다. 목사님은 좀 긴장한 듯 보였는데, 대화가 이어지고 무엇보다 유가족들이 직접 겪은 일을 들으면서, 언론과 방송 보도가 심하게 왜곡되었다는 걸 알게 되셨지요. 큰 충격을 받으신 듯 보였는데, 대화를 마친 후 이렇게 말씀하셨어요. "이렇게 늦게 알게 되어서 부끄럽습니다. 세월호에 대해 무관심하고 냉담한 반응을 보인 한국교회의 잘못을 대신 사과하고 싶습니다. 우리 교회에서, 그리고 개인적으로 할 수 있는 일을 찾아보고, 특별히 개인적으로 시간을 내서 안산을 방문하겠습니다."

이후에 목사님은 직접 안산을 방문해서 교회 주관으로 유가족과 함께 예배를 드렸고, 교회로 유가족을 초청해 두 번의 간담회도 갖고, 전 교인 리본 나누기 행사도 진행했지요. 이런 세월호 활동은 사회환경선교부 중심으로 지금도 계속되고 있습니다. 물론 반대의견도 많았어요. 목사님은 그때마다 '교회는 우는 사람과 함께 울어야 한다', '이것은 정치 이념에 관한 것이 아니라 사람의 생명에 관한 것이다' 하고 설득하고 타이르셨어요. 정말 놀라운 일이지요.

성균관대역 앞 피케팅도 지금(2023년 1월 현재─편집자)까지 하고 계시는데, 이 일련의 활동들이 어떤 효과가 있었나요?

2015년 초부터 우리 교회 부서원들과 함께 이웃 교회와 마을에 사는 청년들에게 피케팅을 제안했어요(지금은 우리 교회 사회환경선교부만 하고 있습니다). 일요일마다 역 앞에서 피케팅을 하자고 말입니다. "지금까지 해결이 안 됐으니까 계속하자. 이것이 유가족들이 가장 원하는 바일 것 같다." 우리는 그저 그분들이 무엇을 원할까를 많이 생각했어요.

그리고 효과도 정말 좋았어요. 전철을 타고 서 있으면 피켓 문구를 보고 앉아 있는 사람이 물어요. 어떻게 돼 가고 있냐고요. 자세히 설명해 주면 '그런 것이었구나, 고맙다' 하고 응답합니다. 대충 분포를 보면 우리 사회 10-20퍼센트에 속하는 사람들은 세월호의 실상을 잘 알고 있어요. 하지만 중간에서 진실이 뭔지 혼란스러워 하는 사람들, 자기 삶이 바쁜 사람들은 '이게 뭐지? 진실이 뭐야 도대체? 어떻게 되는 거야?' 하고 물어요. 택시를 탈 때도 피켓을 메고 탔어요. 운전 기사분이 물으면 제가 쭉 설명을 해 줍니다. 그러면 '아, 그랬구나. 그럼 앞으로 만나는 손님들에게 잘 설명하겠다'고 하시는 분들이 많았죠. 저한테 밥 사 먹으라고 만 원을 주신 분도 있어요.

어쨌든 좀처럼 해결되지 않는 문제로 오랜 기간 운동을 지속한다는 게 보통 어려운 일이 아닐 텐데, 어떤 신념으로 이 일을 하고 계시는지요?

제가 강하게 붙잡고 있는 신념 중 하나가, 역사는 결정되어 있지 않다는 믿음입니다. 즉, 진실을 밝히기가 불가능하다는 것은 결코 결정된 사실이 아니에요. 지금 내가 하나님 앞에서 어떻게 하느냐에 따라 달라질 수 있다고 저는 믿어요. 내가 하나님 앞에서 행한다면 하나님이 나의 순종을, 우리의 작은 몸짓을 사용할지 모른다는 기대가 있죠. 우리의 이런 열망이 어떤 결과를 맺을지 모르지만, 결코 사라지지 않는다고 저는 믿어요. 이런 작은 헌신들, 답답함, 눈물을 하나님이 어떻게 사용하실지는 아무도 모릅니다. 당장 사용하실 수도 있고 나중에 사용하실 수도 있고 아예 다른 방식으로 나타날지도 모르지만, 하나님 앞에서 이렇게 행동해야 한다는 것이 함께 운동하는 저희들의 공통된 마음입니다.

치열한 성경 읽기를 통해 정립된 역사관이 아닐까 짐작이 됩니다. 소장님은 대학교 때부터 성경을 열심히 읽으셨지요?

네, 이후로 부침이 있었지만요. 1988년 여름에 신앙을 가진 후 십여 년 정도 성경을 열심히 읽었어요. 성경을 통해 큰 힘과 위로를 얻었고 말씀대로 살아가려고 애를 썼던 시기였죠. 그러다가 2000년대 들어서는 성경을 기능적으로만 보았던 것 같아요. 토지정의와 헨리 조지 사상에 관심을 갖고 연구와 운동을 하던 때였는데, 이것이 성경에 기반했다는 것을 논증하기 위해서 주로 읽었던 거죠. 그러다 2010년대부터는 기독교 신앙에 회의가 들어서 성경을 거의 읽지 않았고, 한때 기독교를 떠날까도 고민했다가 2018년부터 성경을 다시 보게 되었습니다. 지금은 성경을 읽고 공부하면서 신앙을 공고히 하고, 복음을 자랑하는 단계까지 오게 되었고요.

간단히 언급하셨지만, 매우 복잡하고 오랜 내면의 갈등을 겪으셨겠습니다. 학부 전공이 기계공학이었던 것으로 알고 있는데, 전공을 바꾸고 이후 헨리 조지를 연구하게 된 계기는 무엇인지요?

대학 때 CCC(한국대학생선교회)라는 선교단체에서 훈련받으며 활동을 열심히 했어요. 이 단체는 전도와 제자화를 열심히 하는 단체인데, 군대 다녀와서 3학년이 되어 보니 전도가 잘 안 돼요(지금은 더 안 되겠죠). 4영리를 읽어 주려고 다가가면 대부분 도망을 가요. 간혹 듣더라도 영접 단계까지 가는 사람은 극소수였어요. 이유가 뭘까 심각하게 고민하고 토의했고, 도달한 결론은 '예수 믿는 사람들이 신자답게, 그러니까 안 믿는 사람들과는 다르게 산다는 걸 보여 주면 전도의 문이 열릴 것이다'였습니다.

당시에는 학생들이 커닝을 아주 많이 했어요. 특히 제가 속한 공대의 과목 특성상 외워야 할 공식이 너무 많았어요. 정역학, 동역학, 유체역학, 열역학, 고체역학 등 시험 볼 때마다 외워야 할 공식이 엄청난데, 그걸 계산기에 저장하거나 페이퍼에 빼곡하게 써 오면 적은 노력으로 좋은 점수를 얻을 수 있죠. 그런데 이건 불의한 거고 비윤리적인 행동이잖아요. 더 열심히 노력한 사람이 더 좋은 점수를 받아야 하는데, 이런 상식이 지켜지지 않는 상황이잖아요. 그래서 커닝하지 말자는 캠페인을 학교 내에서 전개했어요. 우리는 다르게 산다는 걸 보여 주기 위해서 말이지요.

우리의 행동 수칙은 일단 '커닝은 싫어요!'라는 노란 리본을 가슴에 달고 다니고, 시험 시간에 담당 교수님께 양해를 구해서 1분 동안 연설하는 것이었습니다. 근데 재미있는 것은 1분간 무슨 이야기를 할까 정리하느라 제가 시험공부를 거의 못했다는 사실입니다(웃음). 긴장이 말할 수 없이 컸고, 당연히 시험을 망쳤지요. 그때가 가장 성적이 안 좋은 학기였어요. 심기가 불편했던 과 친구들이, 저 때문에 찔려서 준비해 온 커닝페이퍼를 못 보고 시험을 망쳤다고 핀잔을 주기도 했어요.

그런데 이런 커닝추방운동이 전도의 문을 여는 역할을 합니다. 그전까지 친구들은 저보고 '쟤는 열심히 전도만 하러 다니는데, 신학대학을 온 거야 공과대학을 온 거야?' 하는 생각을 했었대요. 그런데 남들이 안 하는 활동을 하니까 뭔가 다른 게 있어 보였나 봐요. 그때부터 인생 상담을 하러 저를 찾아오더라고요. 그때마다 4영리를 읽어 줬어요. 마음이 가난해서 그런지, 저에 대한 신뢰가 생겨서 그런지 대부분 영접기도를 하더라고요.

그 활동을 통해 저는 그리스도인답게 사는 게 중요하다는 사실을 깨달았어요. 그러면서 질문이 들었죠. '그런데 왜 그리스도인들이 정의롭게 살지 않을까? 그리스도인이 많아지면 자연스럽게 이 세상이 하나님의 나라로 바뀐다고 CCC에서는 얘기하는 것 같은데, 왜 신자가 아무리 늘어나도 세상은 도무지 안 바뀌는 걸까?' 숱한 질문 속에서 학교를 졸업하고 같은 대학 정치학과 3학년으로 편입을 했습니다. 정의로운 사회, 새로운 나라, 기독교적 표현으로 하나님 나라의 구현 방법, 그 구체적 대안은 결국 사회과학에서 찾을 수밖에 없다고 보았기 때문입니다.

그런데 결국 학문으로서의 정치학에서는 그것을 찾지 못했어요. 강의를 듣고 아무리 많은 책을 보아도, 비슷한 이야기를 반복하는 것 같았어요. 그러다가 한때 사회주의에 심취하기도 했는데, 사회주의는 아무래도 제 신앙과 충돌하는 면이 있어요. 사회주의에 마음을 둘수록 신앙은 식어 가고 멀리하고 싶어졌지요. 그러다가 예수원 설립자 대천덕 신부님이 쓰신《신학과 사회에 대한 성경의 가르침》이라는 아주 짧은 책을 보게 되었고, 거기서 헨리 조지를 만났습니다.

신부님이 소개한 헨리 조지는 19세기 말에 활동하면서《진보와 빈곤》이라는 역작을 저술했는데, 눈부신 물질적 진보가 있음에도 빈곤과 실업이 사라지지 않는 이유를 탐구하고 그 원인에 대한 진단과

처방을 내놓았더군요. 여기서 제 눈을 사로잡은 것은, 그의 이런 분석이 성경에 근거했다는 점이었어요. 흥분했죠! '아, 하나님 말씀에 근거한 해법이 있다니!' 이후《진보와 빈곤》을 세 번 연속해서 읽고 나니, 사회과학적으로 동의가 되고 성경적으로도 동의가 되었어요. 그리고 다짐했습니다. '아! 내가 이 책을 공부해서 그대로 실현하는 사람이 되어야겠다.'

이때부터 헨리 조지를 통해 성경을 보신 거군요.

그렇게 볼 수도 있겠습니다. 헨리 조지가 발견하고 정리한 성경의 기본 정신과 그에 대한 사회과학적 설명에 매료되었으니까요. 성경에서 땅에 대해 이야기하는 부분을 집중해서 읽고 탐구도 했어요. 필요에 따른 성경 읽기였죠.

질문을 끌어안는 성경 읽기

그러다가 2010년대에 회의에 빠져 성경을 읽지 않았다고 하셨는데, 어떤 점에서 회의가 들었는지요?

마음속에 자연스럽게 생겨난 의문이 해소되지 않아서였습니다.

구약 성경, 특히 가나안 정복에서 나타난 잔인함도 그렇고, 이웃 나라를 끔찍하게 약탈하는 다윗을 두고 '하나님이 도와주셨다'고 서술하는 것이 너무 불편했어요. 또 예레미야 같은 경우는 하나님이 모태에서부터 선택하셨다고 하는데, 누구는 선택하고 누구는 선택하지 않는 것이 공정한가? 개인의 삶이 이런 식으로 결정되는 건가? 그리고 '나 이외에 다른 신을 섬기지 말라'는 명령은 너무 배타적이지 않나? 이런 의문들이 한꺼번에 마구 올라왔는데, 관련해서 책을 보고 신학자들에게 물어도 해소되지 않았습니다. 그러다가 2017년 말부터 어떤 책을 읽게 됐는데, 그 경험이 성경을 새롭게 볼 수 있는 계기가 되었습니다.

어떤 책인지 매우 궁금한데요.

강인태 목사님이 쓰신 《하비루의 길》, 《죄인의 길》, 《비움의 길》이라는 책입니다. 창세기부터 현대의 일반 역사까지 아우른 책인데, 그 책을 보고 큰 충격을 받았죠. 새로운 해석이었고 제가 평소에 질문했던 것들에 대한 답변이나 실마리가 가득 담겨 있었으니까요. 우선 《하비루의 길》은 구약 성경에 대한 이야기입니다. '하비루'는 히브리 사람들을 말하고, 하나님이 노예였던 이 사람들을 해방해서 계약을 맺고 새로운 사회를 만들려고 했던 이야기죠. 특히 정복 전쟁이나 구약이라는 책의 성격을 어떻게 봐야 하는지 잘 설명해 주고, 저

자 자신의 농도 짙은 하나님 체험으로 성경을 새롭게 해석해 주고 있습니다.

두 번째 책《죄인의 길》은 신약 이후의 역사를 다루는 책입니다. 예수님이 죄인을 구원하러 오신 사건을 죄인을 불러 그들과 계약을 맺은 사건으로 해석하죠. 예수님 이후 초대교회사와 중세사, 근대 종교개혁, 현대사까지 아우르고 있기 때문에, 이 두 권의 책은 저에게 4천 년의 역사를 조망하며 성경을 보는 새로운 길을 열어 주는 책이 되었습니다. 그리고《비움의 길》은 약간 노자 사상 같은 느낌을 주기도 하는데, 기독교 영성을 새롭게 해석하는 책이에요. 이 책들이 제게 성경을 사랑하는 길을 열어 주었어요. '맞아, 맞아. 근데 왜 여태까지 난 이렇게 성경을 보지 못했을까?' 이때부터 성경을 열심히 읽으면서 흥분과 감격에 빠지는 삶을 살고 있습니다. 복음을 자랑하고 싶어지고요.

감격스러운 성경 읽기를 하고 계시는데, 개인적으로 좋아하는 성경 구절 한 가지만 말씀해 주시겠습니까?

최근에는 구약에서 큰 은혜를 받고 있어요. 사사기와 창세기 말씀이 너무 은혜롭고, 심지어 마음이 심란해지기만 하던 여호수아서에서도 깨달음을 얻고 있어요. 근래 제 마음을 사로잡은 말씀은 출애굽기 34장 6절입니다. 모세가 타락한 백성들 때문에 돌판을 던져 버린 후 다시 만들게 되잖아요. 그때 하나님이 자신이 어떤 분인지를 설명하시는 장면이 나와요. 제가 요즘 읽고 있는 현대어성경은 이렇게 번역합니다.

곧 여호와께서 모세 앞으로 지나가면서 이렇게 외치셨다.
"나는 여호와 여호와이다. 불쌍한 이들을 한없이 측은히 여기며
가난한 이들을 바라보면 가슴 아파 견디지 못하는 하나님이다.
어지간해서는 화를 내지 않고 한결같은 사랑으로 사랑하고
진실이 흘러넘치는 하나님이다."

이 말씀에 울컥했어요. 이것이 그 끔찍했던 구약을 이해하는 실마리가 되었어요. '하나님이 이런 분이시구나. 그래서 희년을 말씀하시고, 안식일과 안식년을 말씀하시고, 유월절, 초막절, 칠칠절을 지키라고 하신 거구나.' 이런 말씀을 깊게 묵상하면 가난한 사람들을 향한 하나님의 마음이 얼마나 간절한지 알 수 있어요. 율법으로 돌아가라고 이야기하는 예언자들도 하나님과 마음이 하나가 됐기 때문에 그런 예언을 했을 거예요. 그런 하나님의 거룩한 마음을 담은 거룩한 나라를 만들지 않으면 나라가 멸망할 거라고 말이죠. 이런 이해를 통해, 숨 쉬는 건 죄다 죽이라고 하는 끔찍한 구약의 장면도 다르게 해석하게 되었어요.

소장님은 어떤 방식으로 묵상을 하시나요?

저는 질문을 하면서 성경을 보는 편입니다. 질문을 하지 않으면 성경은 교훈집으로 전락할 수 있겠다 싶어요. 약간 다른 이야기인데, 유대인들이 전 세계 인구에서 극히 소수를 차지함에도 불구하고 그렇게 똑똑한 이유, 전 세계 경제력을 장악하고 학문 세계를 석권하며 노벨상을 휩쓰는 이유가 어렸을 때부터의 성경 교육이라고 하잖아요. 그들은 율법, 그러니까 모세오경을 다 외운다고 해요. 그런데 유대인들이 무작정 외우는 건 아니에요. 성경은 친절하지 않잖아요. 구체적인 묘사나 자세한 설명이 없습니다. 아주 함축적이고, 어떤 것은 내용이 은폐되어 있어요. 그런 부분은 질문을 해야만 얻어낼 수 있습니다. 그러니까 유대인들이 그렇게 똑똑한 것은, 어렸을 때부터 '이게 무슨 뜻인가' 질문을 던지면서 원리와 원칙을 찾아내는 습관을 체득했기 때문인 거죠. 사실 학문이라고 하는 것이 조각난 현실들을 가만히 들여다보고 모종의 원리와 원칙을 찾아내는 것이잖아요. 유대인들은 성경을 배우면서 그 훈련을 하지 않았을까요?

저도 성경을 보면서 질문을 해요. 예를 들어, 마태복음 12장을 보면 제자들이 안식일에 밀밭길을 지나가다가 밀을 먹는데 사람들이 안식일도 안 지킨다고 비난하는 대목이 있습니다. 이때 예수님이 말씀하세요. "나는 자비를 원하고 제사를 원하지 아니하노라 하신 뜻을 너희가 알았더라면 무죄한 자를 정죄하지 아니하였으리라"(7절).

구약을 보면 제사를 열광적으로 드리는 장면이 많이 나와요. 나쁜 종교의 특징은 제의에 열광한다는 점인데, 이스라엘 사람들도 망하기 직전까지 신앙생활을 대단히 열심히 했어요. 아침에는 벧엘에서, 오후에는 길갈에서 제사를 드리며 엄청난 열심을 보였는데, 하나님이 원하신 것은 제사가 아니라 자비였죠. 그리고 그 자비의 정신이 안식일에 들어 있고, 안식일은 인자, 즉 사람을 위해서 있는 것입니다. 본래 취지가 그래요. 그런데 사람이 안식일을 위해서 있다는 시각으로 보니까 제자들을 죄인으로 볼 수밖에 없죠. 이처럼 예수님의 말씀은 구약이 말하는 안식일의 정신을 정확히 이해하지 못하면 해석이 잘 안 됩니다. 예수님이 율법과 예언자의 말을 완성하러 오신 소식을 복음이라고 한다면, 율법과 예언서를 이해하지 않고는 복음을 제대로 이해할 수 없지요.

그리고 아까 말씀드린 예레미야서에 이런 구절이 있어요. "내가 모태에서 너를 만들기 이전에 이미 나는 너와 할 일을 계획해 놓았었다. 네가 이 세상에 태어나기도 전에 나는 이미 너를 구별해 세계 만민을 위한 예언자로 선정해 놓았다"(1:5, 현대어성경). 이 본문을 읽으면서 '아니 누구는 구별하여 예정하고 누구는 개차반으로 살게 만들어 놓았다는 건가? 그렇다면 모든 게 하나님 책임 아닌가?' 하는 반문이 들었고, 하나님의 섭리나 주권 같은 얘기를 들으면 동의가 잘 안 됐어요.

하지만 저는 이 부분에 대해 계속 질문을 던집니다. 예레미야는 아나돗이라는 시골 출신의 제사장인데 그의 선조를 타고 올라가면 아비아달이라는 사람이 나와요. 다윗과 같이 활동했던 제사장이지요. 사실 솔로몬이 아주 정상적으로 왕위에 오른 건 아니거든요. 자세히 살펴보면, 아도니아가 자연스럽게 왕이 될 것 같았는데 나단과 제사장이 밧세바와 꼼수를 써서 솔로몬이 왕이 되었죠. 그때의 아비아달은 이 아도니아 편에 있었던 것 같아요. 그래서 솔로몬이 왕이 된 다음 아비아달에게 '죽이지는 않고 목숨은 살려줄게. 아나돗에 가서 살아라' 한 거죠. 그리고 300년 후에 예레미야가 나온 거잖아요. 과연 아비아달은 후손들에게 어떤 얘기를 했을까요? 아마도 성경과 모세의 율법에 대해서 가르쳤을 것이고, 그의 가문은 이 왕조의 역사가 율법의 정신에 어긋나 있다는 것을 꾸준히 이야기하고 묵상해 왔을 것이라고 추측해 볼 수 있지 않을까요?

이런 관점들은 강인태 목사님께 많은 힌트를 얻었어요. 제가 존경하는 김근주 교수님의 책에도 그런 해석들이 나오고요. 그렇게 율법과 예언자의 정신을 성실하게 이어 오다 그 결정체로 예레미야가 나왔고, 그 내용을 이렇게 표현하지 않았을까 생각해 보는 겁니다.

질문이 정말 중요하군요.

네, 그렇게 질문을 하니까 실마리를 좀 찾게 돼요. 그리고 아이들에게 어떻게 성경을 가르쳐야 할지도 조금 알게 됐죠.

자녀 얘기를 하시니까, 소장님은 가정의 성경 교육에 대해 어떻게 생각하시는지, 또 실제로 어떻게 성경 교육을 하고 계시는지 궁금합니다.

저는 사실 늦었어요. 아이들이 많이 컸거든요. 이런 성경 이해가 결혼 초부터 있었다면 아이들이 어렸을 때부터 함께 성경공부를 하고 가정예배를 드렸을 텐데 지금은 많이 아쉬워요. 신명기에서는 성경 가르치는 일을 매우 강조하고 있습니다. 아이들에게 순종을 가르치는 일의 핵심은 성경을 가르치는 데 있어요. 하나님의 법을 이해하면 그것에 기반해서 주체적으로 하나님의 말씀을 적용하고 행할 수 있게 되니까요. 저는 그것이 신명기의 전략이라고 봅니다.

저는 아이들과 성경공부를 할 때, 본문을 같이 읽고 자유롭게 얘기하도록 해요. '뭐 궁금한 거나 이해 안 되는 것 없니? 질문 한번 던져 봐라.' 그런 주제가 나오면 같이 이야기를 나누죠. 당연히 저도 잘 모르는 게 있고, 그러면 '아빠가 주중에 한번 찾아볼 테니 너희도 한번 찾아봐' 하고 그다음 주에 또 이야기할 시간을 갖습니다.

제가 20대였을 때는 성경에 대한 여러 의문들을 자유롭게 꺼낼 수 있는 분위기가 아니었어요. 누가 억압하지는 않았지만, 어쨌든 꾹꾹 누르고 그냥 믿는 분위기였어요. 그런데 저희 아이들에게도 저와 같은 의문들이 있다는 걸 알게 됐어요. 기독교 대안학교를 다녔기 때문에 성경에 익숙한 아이들인데, 예전부터 얘기를 해 보면 '너무 잔인한 거 아니야? 구약은 별로 읽고 싶지 않아' 그러더라고요. 학교에서도 성경을 그냥 전통적으로 계속 가르친 것 같았어요. 그래서 아이들이 불편하게 여기는 부분들을 꺼내서 얘기를 했죠. '진짜 하나님의 뜻이 뭘까? 하나님은 여기서는 가난한 자들과 억압받는 자들을 보면 견딜 수가 없다고 표현하는 분인데, 저기서는 자기 말을 안 믿는다고 그냥 다 쳐 죽이시다니 진짜 있었던 일일까? 근데 역사서는 1천 년 후에 기록한 책인데 어떤 의도를 가지고 쓴 건 아닐까?'

성경의 행간에는 여러 사건과 의미가 있는데도 써 놓지 않은 게 많잖아요. 율법서도 설명이 없어요. 구전으로 전승해야 하니까 짧게 썼을 것이고, 그래서 생각할 거리가 많죠. 아이들도 지루해 할 때가 있고 엉뚱한 질문을 하기도 합니다만, 대부분 재미있게 얘기하는 편입니다. 아이들의 상상력은 기발할 때가 많아요.

예를 들어 예수님이 활동을 하시다가 거라사의 광인을 만나러 갑자기 배를 타고 멀리 가시는데, 그쪽으로 가시는 이유에 관한 설명이 없어요. 이때 생각해 보는 거죠. '지금 수많은 사람이 가버나움 바닷가에 진을 치고 있는데, 아니 이 사람들을 놔두고 왜 그 한 사람을 찾으러 갈까?' 그러면 상상력이 발동하기 시작합니다. '혹시 이 사람이 뭔가 절박하고 의로운 것을 위해 행동하다가 좌절에 빠져 미쳐 버린 거 아닐까? 그 고통이 예수님께 전달돼서 그쪽으로 가신 것이 아닐까?'

역사적 주체성을 가진 그리스도인

이렇게 깊이 있게 성경을 읽고 묵상해 오시면서, 중요한 통찰을 얻었다거나 특별한 경험을 하신 적은 혹시 없는지요?

제가 성경을 이렇게 깊게 보기 전에 불만을 가졌던 부분이 있어요. 사실 인간은 새로운 역사를 만들 수 있다는 생각을 가져야 역사를 바꾸기 위해서 애를 쓰잖아요. 그런데 아주 독실하다는 사람들은 그런 생각을 잘 안 해요. 저는 그것이 매우 불만이었습니다. 간단히 말해서, 그리스도인은 역사 변혁의 능동적 주체가 될 수가 없겠더라고요. 신앙이 좋으면 좋을수록 말입니다.

일종의 결정론적 역사관을 가진 것 같았어요. '하나님의 섭리가 있겠지.' '하나님이 인도하시는 대로 순종한다.' 이런 말을 하지만 그냥 구경꾼처럼 단순하게 '소망'만 하는 사람들을 너무 많이 봐 왔어요. 그런 사람들의 습성은 결국 대세 추종이거든요. 이런 종교에서 무슨 역사를 논하나 싶었습니다. 세상 변혁의 동력이 나올 수가 없잖아요. 저는 그것이 성경을 보는 방식이 잘못되었기 때문이라고 생각했어요. 저는 역사가 결정되어 있지 않고 인간이 어떻게 하느냐에 따라 달라진다는 것이 바로 성경의 사관이라고 이해합니다. 인간이 하나님의 대행자가 되는 거지요. 인간의 역할을 축소하고 그저 소망하는 것을 대단한 신앙으로 여기는 게 저는 정말 못마땅했어요. 신명기

에는 '기도하라'는 말이 나오지 않습니다. 오직 행하라고 합니다. 그러면 하나님이 함께하겠다고 말입니다. 본래 인간은 하나님이 만드신 로봇이 아니에요. 하나님은 아담에게 이름을 지으라고 하셨고, 그것은 창조의 일정 부분을 담당하는 일이었습니다.

결정론적 역사관, 하나님은 행하시고 우리는 찬양할 뿐이라는 이 그럴싸한 신앙관은 기득권 계층이 좋아하는 역사관이에요. 기존 질서에 순응하는 행태로 쉽게 이동하거든요. 그 반발로 나온 것이 인문주의라고 보는데, 신에 짓눌려 있는 인간이 그에게서 벗어나 스스로 역사를 창조해 나가고자 하는 것이 르네상스잖아요. 고대 아테네에서 나온 이런 사상의 원천을 읽자는 말이지요. 인간을 정말 인간답게 하는 것은 인간이 역사를 바꿀 수 있고 인간이 어떻게 하느냐에 따라 역사가 달라진다는 사실에 있다고 저는 생각합니다. 그런데 성경에서는 그 근거를 찾을 수가 없어서 너무 답답했어요.

그러다 예레미야서를 읽으면서 코페르니쿠스적 전환을 경험했어요. 예레미야는 유다가 망하기 직전에 활동한 예언자예요. 마지막 왕인 시드기야에게 '바벨론에 항복해라. 항복하지 않으면 아주 비참해질 것이다. 항복하면 예루살렘 성도 불태우지 않을 뿐 아니라 네 목숨과 온 가족의 목숨도 건지게 될 것이다'(38:17-18)라는 하나님의 말씀을 전하는데, 시드기야는 그 말을 안 듣습니다. 예전 같았으면 이 본문을 '이스라엘은 망하도록 이미 결정되어 있구나'라고 봤을 거예요. '다 끝났다. 포로로 잡혀 가는 것이 이미 정해진 경로다.'

그런데 시드기야가 중요한 조치를 단행합니다. 느부갓네살이 쳐들어와 예루살렘 성을 에워싸고 항복을 기다리는 상황에서 시드기야가 예루살렘을 지키기 위해 노예 해방을 해요(34:8-10). 노예들은 바벨론의 노예로 있든 예루살렘의 노예로 있든 똑같잖아요. 노예는 예루살렘 성을 지키기 위해 목숨 걸고 싸울 이유가 없기 때문에, 그들이 예루살렘 성을 지키게 하려면 자유 신분으로 전환해 주어야 합니다. 그래서 안식년의 중요한 행사 중 하나인 노예 해방 퍼포먼스를 성대하게 열어요. 노예가 불쌍해서가 아니라 꼼수로 말이죠. 역대하를 보면 '이스라엘이 왕조 시대에 들어와서 안식년을 한 번도 안 지켰다'(대하 36:21)고 말씀하고 있는데, 그때 시드기야가 꼼수로 지키는 안식년을 보시고도 하나님이 마음을 바꾸셔서 바벨론 군대를 본국으로 돌려보내는 역사가 일어납니다. 그런데 전쟁의 위험이 사라지고 사태가 다시 평온해지자 풀어 주었던 노예들을 주인들이 다시 데려다가 부려 먹는 사태가 벌어집니다. 이에 하나님은 이들의 만행에 진노하셨고, 동족에게 해방을 선언하라는 명령을 지키지 않았기 때문에 하나님도 유다를 보호해 주겠다는 약속을 지키지 않겠다고 말씀하십니다(34:17). 그 이후에 우리가 알다시피 바벨론 군사들이 다시 쳐들어와 예루살렘 도성은 붕괴되고 시드기야와 일가족은 비참한 최후를 맞게 되죠.

제가 여기서 중요하게 봤던 것은 역사는 결정된 대로, 즉 우리가 흔히 말하듯이 하나님이 정한 대로 움직이는 게 아니라는 점이었어요. 하나님의 백성이 말씀에 순종하느냐에 따라서 역사가 달라질 수 있다는 것, 즉 역사는 열려 있다는 것을 예레미야 34장을 묵상하며 비로소 알게 되었어요. 유다는 망할 수도 있고 망하지 않을 수도 있었던 것입니다. 그 후에 요한계시록에 나오는 큰 성 바벨론(로마)이 무너지는 것도 박해 시대 성도들이 말씀에 순종한 일이 원인이라고 해석하게 되었어요. 결론적으로 저에게 예레미야 34장 묵상은 역사와 성경을 다시 보게 되는 출발점이었다고 말씀드릴 수 있겠습니다. 우리가 지금 하나님의 말씀을 어떻게 따르느냐에 따라 이 한반도의 역사, 북미관계 같은 것들이 달라질 수 있는 것입니다. '이것이 성경이 말하는 역사관이구나. 정해진 것이 아니구나. 지금 여기서 우리가 어떻게 순종하느냐에 따라 역사가 달라지는구나.' 이것을 깨닫고 전율했죠.

그래서 저는 기독교 모임에서 강의 요청을 받으면 항상 이 얘기를 합니다. 역사는 결정된 것이 아니다. 자신을 시원찮게 보지 마라. 내가 지금 하나님 앞에서 어떻게 하느냐에 따라 이 코로나19도 어떻게 될지 모른다. 인류 대멸종의 위기가 다가왔고 하나님의 초자연적인 역사가 필요한 때잖아요. 이것을 우리가 어떻게 회복시키겠어요. 그런데 이 코로나19라는 위기 상황도 우리가 어떻게 하느냐에 따라 달라진다는 믿음에 따라 행동하면 가능하죠. 그런 당당한 역사적 주체성을 성경을 통해 비로소 확보한 일이 저에게는 일대 사건이었죠.

이 신념이 바로 소장님이 하고 계신 여러 실천의 배경이겠구나 싶습니다.《아파트 민주주의》라는 책도 쓰셨는데, 입주자 대표 역할을 하면서 이렇게 실질적인 문제에까지 접근하시는 것을 보며 깜짝 놀랐습니다.

그 일은 제가 아는 사람이 동 대표를 제안해서 시작하게 된 것입니다. 하는 일이 많아서 처음에는 못 하겠다고 했었어요. 그랬더니 저에게 충고를 하더라고요. 당신은 정의에 대해서 말을 많이 하는데 왜 여기서는 아무 행동도 안 하고 침묵하느냐, 지금 아파트에 이런저런 문제가 있는데 당신이 와서 같이 하면 좋겠다고요.

옳은 말이더라고요. 그 친구는 회장 출마를 생각하고 있었고, 자기에게 우호적인 동 대표 위원이 필요하니까 역할을 해 달라고 했어요. 그 역할이 그리 크지 않을 것 같아서 동 대표에 출마했습니다. 그런데 그 친구가 떨어지는 바람에 다시 저한테 회장 출마 권유를 하더라고요. 그런데 그 친구가 동 대표로 세우고 싶어서 모았던 사람들이 다 떨어지고 저 혼자만 남는 상황이 벌어졌어요. 그만둘까도 생각했지만, 그 친구가 격려를 많이 해 줬고 저 스스로 묘한 권력욕도 생기고 해서 시작했어요. 그런데 이렇게 큰 고난이 밀려올 줄은 몰랐죠. 진작 알았다면 시작을 안 했을 겁니다.

반대편 동 대표들이 제가 그만두도록 지속적으로 괴롭혔어요. 그래야 자기네들이 관리비를 유용할 수 있다고 생각했겠죠. 해임 투표를 3번, 고소를 15번이나 했어요. 그런데 제가 그만두면 이사를 가야 하는 상황이 될 것 같았어요. 이 사람들도 '우리가 쫓아낸 게 아니라 부정한 일 저지르다가 그냥 자기가 나간 거야' 하는 식의 공고문을 붙여 댈 것이 불 보듯 뻔했습니다. 왜냐하면 없는 사실도 만들어 내서 자기네가 정당하다는 얘기를 주민들에게 알려야 하니까요. 그리고 이곳 아파트가 아주 싸거든요. 어디 갈 데도 없고 저런 악당들한테 지는 것도 싫고, 여러 마음이 겹쳤습니다. 내가 그만두면 아파트 주민들이 낸 그 돈을 허투루 쓸 텐데 하는 생각도 들고, 그래서 그냥 버텼죠. 어쩔 수 없이 말입니다. 돌아보면 하나님께 징집된 것 같았어요. 만기가 정해져 있고 그때까지는 못 나가게 된 것 같은 기분이었어요. '나는 제대 날짜는 정해 놨어. 그때까지 못 나가 나가면 탈영이야.' 이런 마음이었죠.

그렇게 2년간 회장을 하시고, 그만두실 수 있는데 한 번 더 하셨어요.

2년 후에 저를 괴롭혔던 다수가 중임 제한에 걸려서 동 대표를 못 하게 되는 상황이었어요. 그래서 제가 새롭게 동 대표 위원들을 구성할 수 있는 가능성이 있었어요. 물론 그쪽에서 3명을 당선시키기는 했는데, 제가 수난당할 때 저를 도와줬던 사람들 11명을 설득했습니다. 그렇게 11명이 들어가서 저까지 12명, 그러니까 12대 3이었죠. 그래서 두 번째 기간은 안정적으로 재미있게 아파트를 개혁하면서 중고등학생들과 꽃 심기, 마을학교 등 다양한 활동을 할 수 있었어요. 저는 행복한 케이스였지만, 대부분 병을 얻고 이사를 가더라고요. 너무 힘드니까요. 제 경우는 저를 불쌍하게 여긴 주민들이 많이 도와주셨고, 수원시의 적극적 행정도 도움이 많이 되었습니다.

이제 자리에서 물러나신 지 2년이 되셨는데, 아파트 분위기는 어떻게 유지가 되고 있나요?

정상적으로 운영되고 있어요. 상식적인 동 대표들이 다수니까요. 제가 아파트 일에 관여는 하지 않고 있지만, 공고문은 열심히 보고 있습니다. 공고문만 봐도 상황을 알 수 있거든요. 이슈 하나가 터져서 잠시 술렁이기는 했는데, 지금은 자리가 잡힌 상태입니다.

어떤 이슈였습니까?

재건축 이슈가 터졌어요. 그때 아파트 배관에서 녹물이 자꾸 나와서 큰 공사가 필요한 상황이었습니다. 그런데 재건축에 관심이 많은 사람들은 배관 공사를 하지 말라는 거예요. 왜냐하면 더 노후하고 위험하고 청결하지 못해야 안전진단에서 낮은 점수를 받을 수 있으니까요. 그 이슈가 터지니까 재건축을 찬성하는 쪽 사람들 삼사백 명이 카톡방에 모여서 밤마다 부흥회를 열고 동 대표들을 압박하는 통에, 동 대표들도 제대로 활동할 수가 없었습니다. '우리가 할 수 있다.

재건축된다.' 하면서요. 그중 상당수는, 재건축으로 가격이 올라가면 팔려고 아파트를 사 둔 외부 사람들이었어요. 그러니 동 대표 회의가 어려울 수밖에 없었지요.

제가 아파트에서 새로운 환경을 만드는 데 기여를 했지만, 그렇다고 완전히 과거로 돌아간 건 아니에요. 그런 이슈가 터지니까 아파트 민주주의라는 것도 흔들흔들하더군요. 그 이슈가 터진 이유는 결국 부동산 불로소득에 대한 욕망입니다. 재건축 이슈가 터져야 가격이 올라가고 내 집값이 올라간다는 논리죠. 자가 단독주택이었다면 녹물이 나올 때 당연히 배관을 갈겠죠. 자기 돈 들여서 고쳐야 다른 사람한테 팔 때 제값을 받으니까요. 그런데 아파트는 그렇지 않아요.

그래서 이 불로소득이 만악의 근원이라는 사실을 다시금 확인하게
됩니다.

**마음이 무거워집니다. 마지막으로, 성경에 근거해서 살아가는 세상 속 그리스
도인이 지녀야 할 정치관 혹은 경제관에 대해서 한 말씀 부탁드리겠습니다.**

"일하기 싫은 사람은 먹지도 말게 하라"는 사도 바울의 유명한
말씀이 있지요. 사도 바울은 희년의 가치를 굉장히 중요하게 여긴 사
람이고, 당시에는 공동 식사와 재산 공유의 생활 방식이 계속 있었
습니다. 초대교회 시절부터 박해 시대까지 계속 이어졌을 텐데, 그
냥 놀고먹으려는 사람도 당연히 생기겠죠. '그 공동체에 들어가면 먹
고사는 게 해결돼' 하면서요. 이때 사도 바울의 아이디어는 '자기 문
제는 스스로 해결한다'였습니다. 그는 천막 만드는 일이나 부둣가 막
노동처럼 누구나 할 수 있는 일을 하며 선교비를 스스로 조달했어요.
그러니까 기독교 신앙과 공동체를 건강하게 유지하려면 자기 문제
를 스스로 해결하고, 몸이 불편하거나 생계를 스스로 해결할 수 없는
사람들을 돕자는 것이 제가 이해하는 사도 바울의 가르침입니다. 그
래서 저는 이 땅에서 우리가 열심히 경제 활동하는 일이 매우 중요하
다고 생각해요. 그리고 남는 것을 가지고 어려운 형제자매들을 돕고,
집이 없어 힘들어 하는 사람들을 위해 어떻게 할지 아이디어를 생각
해 내야겠죠.

여기서 중요한 것은, 경제 활동을 열심히 하는 가운데서 성경이 금하는 불로소득 추구나 투기를 하지 않는 것입니다. 그리고 그런 투기가 사라진 사회를 꿈꾸고 그것을 지향하는 사람들을 지원하고 참여하는 일이 필요하다고 생각해요. 사람들이 투기하는 이유를 잘 생각해 보면, 돈을 벌고 싶어서이기도 하지만 손해를 안 보려는 측면도 있거든요. 현금이 3억 정도 생겨서 은행에 예금하면 손해가 될 수가 있어요. 이자율이나 물가 상승률을 따져 본다면 말입니다. 그런데 집을 사 놓으면 손해가 안 돼요. 갭 투자를 하는 사람들이 3억으로 빌라 두 채를 전세 끼고 사는데, 자기에게 손해가 되지 않기 때문에 그렇게 하는 것입니다.

하지만 성경은 손해가 되더라도 하나님의 법을 따라야 한다고 말씀하고 있어요. 요한계시록 2장에서 사도 요한은, 일곱 교회에 편지를 하면서 니골라당과 이세벨의 무리를 경계하라고 권고합니다. 니골라당은 영지주의자들이에요. 당시 영지주의의 논리는, '우리가 이미 영혼 구원을 받았는데 이 땅에서도 먹고살아야 하지 않느냐, 그러니 지금 로마에서 강요하는 황제 숭배를 해도 된다'는 것입니다. 황제 숭배를 해야 도장도 받고 그래야 상거래도 하고 먹고살 수 있으니까요. 당시에는 상거래를 하려면 상대방이 믿는 신에게 같이 제사를 지내고 혼음하는 것이 일반화되어 있었는데, 성경은 이것을 금하는 것입니다. 따라서 영지주의 니골라당을 조심하라는 말씀은 경제적으로 손실을 보더라도 말씀을 지키라는 뜻으로 해석해야 한다고 봐요.

부동산 투기를 안 하면 손해를 입는 오늘날 상황에서, 저는 니골라당을 경계하라는 얘기를 심각하게 받아들여야 한다고 생각합니다. 영지주의를 배격하고 철저한 일원론의 관점에서 던지는 사도 요한의 권고를 오늘날에 적용해 본다면, 우선은 손해임에도 불구하고 투기를 하지 않고 하나님 말씀을 따라야 하겠지요. 다음으로, 투기하지 않으면 손해가 되는 이런 사회를 고쳐 나가야 합니다. 성경을 따르는 그리스도인이라면 당연히 그렇게 생각과 행동이 전개되어야 하고, 그렇게 성경을 읽어 나가야 한다고 봅니다.

3

타인의 고통에
참여하는
치열함의 원천

송인수

아이들의 해방을 꿈꾸는
'학교 밖 교사'

사범대학 졸업 후 교직에 오래 몸담았다. 타인의 고통에 응답하는 일이
직업적 소명임을 깨닫고 2003년 퇴직하여 '좋은교사운동'을 시작했다.
2008년 '사교육걱정없는세상'을 창립하여 입시 경쟁과 사교육을 줄이는 일에
전념했고, 학벌로부터 자유로운 세상을 꿈꾸며 2020년 '교육의 봄'을 창립하여
공동대표로 활동하고 있다. 아이들을 위해 싸우는 학교 밖 선생님으로
살아가며, 평신도도 스스로 성경을 읽고 해석해야 한다는 믿음으로 세워진
평신도 공동체 산아래교회를 섬기고 있다. 예수님을 만나고 30년을 살아오며
천착한 신앙의 본질을 풀어 낸《만남》이라는 책을 썼다.

교직에 오래 몸담으셨고, 이후 시민운동을 하면서 한결같이 교육 분야에서 활동해 오셨습니다. 처음에 교사라는 직업을 선택하신 이유가 있었나요?

사실 국립 사범대에 입학했지만 교사는 안 하고 싶었어요. 사회경제적 지위가 보잘 것 없었던 시절이었습니다. 그런데 당시에는 국립 사범대에 입학하면 졸업 후 무조건 3년간 교직생활을 해야 하고, 그러지 않으면 교사 자격증을 반납해야 했어요. 그래서 선생이 되었는데, 의외로 즐겁더라고요. 아이들이 저를 사랑하고 따르니, 저도 신이 나서 좋은 수업으로 보답해 주고 싶은 마음이 들었습니다.

그러면서도 서성거리는 세월들이 있었습니다. 공부하다가 교수가 된 친구들이 부러웠거든요. 직업의 우열로 나와 남을 비교하려는 마음이 제 속에 있었습니다. 당시 다니던 교회가 제 모교와 가까이에 있었는데, 교회 사람들과 야외 예배를 드리기 위해 자주 사범대학 캠

퍼스 뒷뜰로 왔습니다. 그런데 그 건물을 보는 것이 너무 싫었습니다. '내 친구들은 저기서 계속 공부해서 교수 되고 나는 거기서 낙오했다. 나는 지도 교수 잘못 만나서 하고 싶은 공부를 못했다.' 이런 좌절감이 있다 보니, 교사직의 가치를 확신 있게 붙들지 못했습니다.

그런 망설임에 종지부를 찍은 계기가 1992년 8월 선교한국대회였어요. 그 집회에서 큰 은혜를 경험하고 처음으로 이런 고백을 했습니다. '앞으로 저는 교직 외에 다른 곳에 눈 돌리지 않겠습니다. 이곳은 제 선교지요, 제가 주님을 따르는 제자로 살아가는 곳입니다.' 이 고백과 함께, 직업으로서의 교직이 아닌 부르심의 통로로서 교직을 새롭게 붙들었습니다. 그리고 모든 것을 쏟아부어 선생의 삶을 살기로 했습니다. 하나님이 저를 만나 주신 이 경험 덕분에, 이후로 교사 이외의 삶을 기웃거리지 않았고, 승진도 꿈꾼 적이 없었습니다. 교수직도 부럽지 않았습니다. 그때 경험한 자유라는 것은 말도 못 해요. '하나님께 자기 인생을 드린 사람에게 찾아오는 자유라는 것이 이런 것이구나' 하는 것을 느꼈지요.

아이들의 울음소리를 듣는 교사

그러다가 '좋은교사운동' '사교육걱정없는세상' '교육의 봄' 등 시민운동으로 확장해 나가시게 된 이유나 계기는 무엇인지요?

말씀드렸다시피 저는 교사로 살면서 아이들에게 사랑과 존경을 많이 받았습니다. 요즘의 아이돌과 비교해서 부럽지 않은 세월을 보냈어요. 누구나 자기 인생에서 행복한 시절이 있을 텐데, 만약 제 인생의 가장 행복했던 시점을 선택해서 돌아가라고 한다면 저는 그때를 지목할 것입니다.

그런데 제가 당혹감을 느꼈던 건, 나는 이렇게 아이들의 사랑을 받아 행복한데, 내게 사랑을 주는 아이들은 그다지 행복하지 않았다는 점이에요. 아이들은 치열한 입시 경쟁 부담을 짊어지고, 0교시 보충수업과 야간 자율학습에 강제적으로 참여해야 했습니다. 그 삶이 기쁘겠어요? 선생인 저는 행복한데 제자들이 불행하다면, 선생인 내가 행복하다는 말은 뭔가 잘못되었다는 뜻이잖아요. 마치 부모가 '아이가 힘들어 하는 것만 빼놓고 내 삶은 너무도 행복하다'고 말한다면 부모로서 정상이 아니듯이 말이지요.

그 문제를 풀어야겠다 생각했습니다. 그러다가 결국 내 교실과 학교를 넘어 대한민국 모든 학교 아이들의 문제를 푸는 길로 가고야 말았지요. 관심이 내 교실과 학교에 머물지 않고 바깥으로 뻗어간 이유는 간단합니다. 제 가슴 속에 하나님의 관심이 채워진 탓입니다. 그분의 관심은 우리 학교 아이들만이 아니라 대한민국 모든 아이들에 있었고, 그분을 따르는 제자라면 자기 수업에만 머물 수는 없는 노릇이었지요. 그래서 이 땅 모든 아이들을 행복하게 만드는 일을 위해 우리 기독 교사들이 좋은 교사로 바뀌어야 한다는 생각으로 좋은

교사운동을 시작하게 되었어요.

그 일을 하는 과정에서 많은 변화를 보았고, 우리의 실천으로 학부모들이 위로를 많이 얻었고 국민들이 몹시도 반가워했습니다. 교사들이 제도와 환경 핑계를 대지 않고 헌신적으로 아이를 사랑하는 모습은 정말 이례적이었거든요. 신학기 3월에는 학급 아이들 50명의 가정을 한 달 동안 방문했습니다. 집에 잠시 앉아 부모님과 대화해보면 그 가정의 형편과 아이들 상황을 다 알 수 있어요. 생활기록부와 가정환경조사서를 통해서는 알 수 없는 슬픔을 숱하게 확인하면서, 아이와 부모님과 함께 기도하다 울고, 오고 가는 중에도 울곤 했습니다.

그렇게 아이들을 어떻게 도와야 할지 맥락을 찾을 수 있게 된 후, 그중 한 아이를 선택해서 1년 동안 보호자 되는 캠페인을 했고, 수업에 대해 아이들로부터 피드백과 평가를 받는 일들을 1년에 네 번씩 했습니다. 무심한 평가에 상처도 받았지만 그 이상의 큰 격려를 받았고, 수업의 방향을 잡을 수 있었습니다. 학기 초에 촌지 안 받겠다는 내용의 가정통신문 편지를 보내니 부모님들이 너무 좋아했어요. 덩달아 우리도 신났지요. 그러다 보니 많은 기독 교사들이 이 운동에 참여하게 되고, 그 결과로 운동이 너무 커져 버렸습니다. 수업하다 남는 시간이나 일시적인 휴직으로는 이 일을 감당할 수 없게 되자, 이사회에서 저에게 학교를 그만두고 이 일에 전적으로 매진할 것을 요구했습니다.

처음에 교사직을 싫어했던 이유가, 당시 사회경제적 지위 때문이었는데요. (그때 교사가 26위였고, 이발사가 27위였어요.) 공부 열심히 해서 국립 사범대에 갔는데 선생으로 인생을 마무리하기는 싫다는 허영심이 있었어요. 그랬는데 학교를 그만두라는 말을 듣는 시점이 되니, IMF 직후라 교직의 사회경제적 지위가 1-2위로 치솟았습니다. 교수보다 더 선호도가 높더라고요(웃음). 그런데 그만둬야 하니까 얼마나 아쉬워요. 하지만 어쩌겠습니까? 아이들의 불행을 해결하기 위해 나선 길인데 내 행복, 내 안전 때문에 다시 돌아갈 수는 없잖아요. 사실 아내가 저와 결혼한 데는 안정적인 교사직도 한몫 했을 것입니다. 그런데 그만두겠다고 하니 심리적으로 힘들었을 거예요. 그래도 내색 하나 없이 기도하더니, 그 일을 하라고 격려해 주더군요.

그리고 5년 후에 대표직을 내려놓으셨습니다.

저는 좋은교사운동에서 정년을 보장받고 싶었어요. 하지만 제가 대표를 계속한다면 다음 세대가 이 운동을 섬길 기회가 차단된다는 것을 깨닫고, 5년만 임기를 수행하려고 결심했습니다. 그리고 사교육 걱정없는세상을 시작하게 되었지요. 제가 선생으로 일하며 겪었던 입시 경쟁의 고통을 다루는 운동이 필요하다는 자각이 제 안에 일어났기 때문입니다. 하지만 이 얼마나 어려운 문제입니까? 제 뜻을 알게 된 이사회에서도 그 필요성을 인식하고, 더 본질적이고 강력한 과제

를 붙들고 씨름할 것을 촉구해 왔습니다. 저로서는 결실을 거둘 수 있
느냐가 고민거리였어요. 명분은 있지만 성과는 없는 일에 인생을 낭
비하는 일만큼 공허한 것도 없다 싶었지요. 그렇지 않나요?

　　그러다가 2007년 5월, 저희 교회 목사님의 중고등부 예배 설교
를 듣게 되었습니다. "너희들 시험 준비하는 고통 때문에 힘들지? 그
고통이 해결이 안 되는 이유가 뭔지 아니? 그 문제가 복잡하고 어려
워서가 아니라, 그 문제를 풀기 위해 자기 인생을 하나님께 던진 사
람이 대한민국 교육 운동 역사 40년 동안 단 한 명도 나타나지 않았

기 때문이야." 그 말씀이 마음속에 확 박혔습니다. 동의가 되더라고요. 입시 경쟁 문제 해법의 길이 아이디어나 전략, 대안에 있지 않고 사람에게 있다는 그 통찰! 결국 사람이 길인 거죠. 그 점을 인정하면서 사교육걱정없는세상을 시작하게 되었습니다.

그리고 지난 12년 동안 2018년을 제외하고 단 한 번도 과업이 달성되는 것에 의심을 가져 본 적이 없습니다. 사교육비 줄이는 일도 결실을 거두어, 2010년 MB정부 때 협력해서 2조 정도를 줄였고요. 중학 과정 영어 공부로는 도저히 대비가 안 되는 외고 입시 듣기 시험 제도를 없애서, 초등학교 학생들의 텝스/토익 사교육을 근절시켰습니다. 2014년 선행교육 규제법 제정을 통해 대학별 논술고사 문제를 대학 과정에서 출제하는 것도 금지시켰고, 학교와 학원에서 입시 후 합격 실적과 명단을 내거는 일도 못하게 했고요. 학벌 스펙을 보지 않는 블라인드 채용을 공기업에서 실시하고 학교명을 가린 블라인드 입시를 대입에 적용하게 한 것도 그렇고요. 무수한 결실을 볼 때마다 그때 그 결정이 옳았구나 생각하곤 합니다. 그러다가 결국 문제를 근본적으로 해결하기 위해서는 기업의 학벌 중심 채용 문화를 바꾸는 것이 병행되어야 함을 느꼈어요. 그래서 2020년에 그 일만 전념하는 교육의 봄이라는 단체를 만들었습니다.

이렇게 여러 단체를 만드는 가운데서도, 그 중심에는 아이들의 고통을 해결하겠다는 하나의 뜻이 담겨 있었어요. 그래서 저는 아직도 스스로를 선생이라 생각합니다. 비록 직업상으로는 선생이 아니지만, 학교 바깥에서 아이들을 위해 싸우는 존재로서 선생의 소명이 저를 움직이는 힘입니다.

숨 가쁘게 이 길을 달려오셨는데, 중요한 순간마다 하나님 말씀 앞에서 결단을 내리시는 모습이 인상 깊게 다가옵니다.

결단은 언제나 어렵지요. 하지만 신자란 예수의 제자가 되어 그의 나라를 위해 살아가는 존재이고, 신자가 된다는 것은 기본적으로 그리스도를 닮는 것이잖아요. 예수께서 우리를 찾아오셔서 우리 고통의 문제에 응답하는 삶을 사셨듯이, 신자요 그분의 제자인 우리도 타인의 고통을 귀담아들을 줄 알아야 한다고 생각합니다.

그런데 다른 사람의 고통이 느껴지면 일상생활을 평범하게 유지하기가 쉽지 않지요. 타인의 삶에 개입하면서 일상이 흔들리고, 문제들이 자기 힘으로 감당이 안 되는 경우가 많습니다. 한마디로, 내게 주어진 과제와 내 능력 사이에는 무엇으로도 메꿀 수 없는 큰 간극이 존재하는 것입니다. 그런데도 나는 그 고통을 감당하는 자리에 예수의 제자로 차출되어 왔단 말이에요. 물론 차출이긴 하지만 나도 그 자리에 서고 싶기도 했으니 자원입대인 셈입니다. 하지만 그 일을 감당할 수 없다는 엄연한 현실 앞에서, 우리는 두 가지 선택을 해야 합니다. 하나는 내가 할 수 있는 만큼만 하는 것, 다른 하나는 내 한계를 부수고 하나님의 역사에 나를 던지는 것입니다. 전자를 선택하면,

나는 안전한데 하나님 나라의 역사가 일어나지 않습니다. 후자로는 하나님의 역사는 일어나는데 내가 위태합니다. 우리는 늘 그 선택 앞에 살아가기 마련입니다.

제가 좋은교사운동을 시작하고 하나님의 역사가 많이 일어났어요. 그러다 점점 일이 커져서, 학교에 있으면서 이 일을 감당하기에는 물리적으로 어려운 상황이 되어 버렸습니다. 그 당시 저의 고민이 이것이었습니다. '하나님의 부르심에 힘써 응답하면 변화가 나타나고 일이 커지는데, 그때 그 역사에 누군가가 몸을 던져야 한다. 그런데 안전한 직장을 포기하게 되면 나중에 일이 잘못될 경우 돌아갈 곳이 없으니 불안하다. 그렇다고 내 안전을 도모하기 위해 학교에 머물면서 할 수 있는 만큼만 돕자니, 하나님 역사가 뻗어가지 않는다.' 결국 내가 죽느냐 하나님 나라가 죽느냐 선택의 기로에 서게 된 것이지요.

그 선택의 기로에서 뒤를 돌아보지 않고 하나님 역사에 몸을 던지게 하는 힘이 말씀과 기도를 통해 하나님께로부터 왔습니다. 주님이 열어 주시지 않는데 내 힘으로 '내가 죽는 결정'을 하기는 어렵습니다. 또 그렇게 할 수 있더라도 그것은 인간적 용기에 불과하고 후일 어려운 난관 앞에서 힘을 쓸 수 없을 가능성이 크지요. 그래서 저는 예수의 제자로 생존하기 위해 매일 성경을 붙들며 살고 있습니다.

선생님에게 성경이란 예수의 제자로 살게 해 주는 힘의 원천이군요.

네, 신자의 생명줄이라 할 수 있습니다. 신자가 져야 하는 십자가는 대체로 자기 본성으로 감당할 수 없는 짐이기도 합니다. 그 짐의 무게를 따지면, 기본적으로 가진 지적·정서적 자산만으로 지탱할 수 없습니다. 그럴 때 어디선가 힘을 공급받아야 하는데, 성경을 빼놓고는 그 비결을 설명할 수 없죠. 그래서 예수의 제자로 인생을 살고자 하는 사람은 결국 성경에 의지해서 살아갈 수밖에 없다고 생각합니다.

가장 좋아하는 성경 구절이 있는지요?

글쎄요. 좋아하는 말씀이란 당시 처한 상황 속에서 자기 삶을 움직이는 말씀이기 때문에, 때와 상황마다 다를 수 있겠지요. 제 인생의 전환점이었던 시기가 1992년 4월이었어요. 그때 우리 학교 선생님 중 기독교 신앙을 가진 분이 있었는데, 구원받은 시기와 방법을 유난히 강조하는 소위 '구원파' 선생님이셨어요. 그분이 계속 저한테 도전적인 질문을 하는 겁니다. "예수 믿고 구원을 얻었나요? 언제, 어떻게 얻었습니까?" 그 때문에 제가 마음고생을 꽤 했습니다. 질문을 들으면서 짜증이 나고 화가 나더라고요. 그런 마음이 정상은 아닙니다. 내 경험과 확신이 분명하면 '언제 구원을 받았느냐? 당신에게 예수란 어떤 존재냐?'라는 질문을 받으면, 반가운 마음으로 제 경험을 나누려 했겠지요. 그런데 그 질문이 반갑기는커녕 '내가 지금까지 신앙생활 하면서 학생운동이며 여러 신앙적 실천을 많이 했는데, 구원 받지 않고 어떻게 이렇게 살 수 있겠습니까?'라는 반박만 생각나더라고요. 그때 문득 껍데기를 붙들고 살았구나 싶었어요.

그때를 계기로 해서 하나님이 나를 구원하셨다는 증거를 찾으려고 노력했습니다. 그런데 그때는 구원에 관한 그 흔한 구절인 요한복음 3장 16절("하나님이 세상을 이처럼 사랑하사 독생자를 주셨으니…")이 힘이 되지 않더라고요. 말씀은 잘 알겠는데, 하나님이 사랑하신 그 세상 속에 나도 포함된다는 것을 느끼고 싶었어요. 성경에는 객관적 진리에 관한 말씀이 많습니다. 그러나 그건 나와 무관하게 존재하는 것이고, 그 말씀이 내게 다가와 오늘의 내 문제를 푸는 힘으로 느껴지는 경험은 또 다른 것입니다. 저는 그 경험이 필요했습니다.

그래서 하나님이 정말로 나를 사랑하시는지를 알고자 말씀을 붙들고 사투를 벌였습니다. 우리말 성경은 논리적 관계가 치밀하지 않아 영어 성경을 샅샅이 읽었어요. 그토록 말씀을 치열하게 본 적이 없었어요. 그러다 드디어 디모데전서 1장 15-16절 말씀을 읽다가 그 답답함이 뚫렸습니다. 바울이 말합니다. "그리스도 예수께서 죄인을 구원하시려고 세상에 임하셨다 하였도다. 죄인 중에 내가 괴수니라. 그러나 내가 긍휼을 입은 까닭은, 예수 그리스도께서 내게 먼저 일체 오래 참으심을 보이사 후에 주를 믿어 영생 얻는 자들에게 본이 되게 하려 하심이라."

이 말씀이 제게는 이렇게 들렸습니다. '그대는 나 정도로 괴수가 아니잖아. 내가 최고의 악당인데 나를 구원해 주셨다면 그대도 구원해 주셨다는 말이야. 그러니 제발 그대의 죄를 자책하지 말고 하나님의 사랑을 받아들여!' 그리고 비로소 오랜 고민에서 자유롭게 되었어요.

그런데 흥미롭게도, 제가 이런 이야기를 하면 다른 사람들은 별 감흥이 없더라고요. 제 말을 이해하기는 하지만 제가 받은 그 떨림과 흥분은 없더라고요. 당연한 일이겠지요. 어쨌든 객관적인 진리의 말씀이 각자의 삶에 들어와서 자신에게 들려주시는 메시지로 들려 개인적인 문제가 풀리는 경험, 이것이야말로 성경이 주는 가장 큰 위로요 힘이라고 생각합니다. 오늘 자신이 씨름하는 문제를 말씀으로 풀어내는 경험을 하는지 여부가 축복을 누리는 삶의 관건이지요.

주체적으로 성경을 해석하는 평신도

선생님은 어떻게 성경을 묵상하시나요? 묵상할 때 주석 같은 것들을 참조하시는지요?

저는 새벽에 일어나서 큐티 말씀을 묵상하고, 그 가운데서 말씀이 주는 위로와 기도를 통한 확신을 얻는 편입니다. 현재 평신도 교회에 출석하고 있는데, 제가 말씀을 나누는 당번이 되면 주중에 묵상한 말씀을 주말에 정리합니다. 그리고 별 특별한 상황이 아니면 주석을 참고하지 않아요. 대신, 의문이 생기면 가볍게 여기지 않습니다. 옛날에는 호기심을 유발하는 대목들이 나오면 일단 덮어 두거나 주석을 참고했는데, 언제부터인가 '아, 혹시 하나님이 내게 주실 말씀이 있을지도 모르겠다'라는 궁금증을 갖고 말씀을 대합니다. 그리고 텍스트 속으로 들어가 전후 맥락 및 관련된 다른 본문과 비교하면서 묵상하지요. 특히 그 텍스트 속 주인공을 저라고 생각하고, 예수님을 만난 상황에서 느꼈을 감정과 혼돈, 깨달음을 감정이입 해 봅니다. 이런 과정을 세밀하게 거치다 보면 이전에 깨닫지 못했던 의미들이 드러납니다. 마치 학교 소풍 때 나무 밑에 숨겨진 보물을 찾는 경험처럼 말이죠. 그리고 그 깨달음은 제가 인생을 살아갈 때 필요한 답일 때가 많습니다.

만약 그렇게 하지 않고 유명한 목사님이나 신학자의 주석을 펴기 시작하면, 아무것도 건지지 못합니다. 마치 학생이 수학 문제를 끙끙대며 풀지 않고 정답을 보고 넘어간다면 수학 실력이 안 느는 것과 마찬가지입니다. 주석을 본다는 것은 정답을 보는 것이고, 정답에 의존하는 묵상은 힘이 없고 가벼운 궁금증을 해소하는 차원에 불과합니다. 내가 어떤 말씀에 궁금함과 호기심을 느낀다면, 그것을 통해서 하나님이 내게 말을 거는 순간일 수도 있잖아요. 물론 내 해석이 올바른지 판단하는 차원에서, 해석을 끝낸 후 성경학자들이 무엇이라고 말하는지 점검하는 것은 유익할 수 있습니다. 그러나 어디까지

나 보조적인 기능에 불과해요.

　그런데 요즘 평신도들은 자기 문제를 가지고 주체적으로 성경을 읽는 해석자의 자리에 앉지 않습니다. 해석은 목사님에게 맡기고 자신은 '아멘'으로 응답하면 된다고 생각하는데, 그러다 보니 성경을 보는 눈도 흐려지고 자기 문제를 붙들고 주님을 만나는 경험도 약해져서 위기 앞에서 금방 흔들리게 되죠.

방금 평신도 교회에 출석한다고 하셨는데요. 말씀하신 바와 같은 평신도의 주체적 성경 읽기와 관련해서 소개를 부탁드리겠습니다.

　성경과 평신도의 삶을 어떻게 연결 짓는지에 대해서는 사람마다 생각이 다를 수 있습니다. 지금 한국 교회에서는 성경을 해석하는 공적 권위자로 목회자를 세우고 있습니다. 그러나 목사의 해석도 여러 해석 중 하나입니다. 물론 단순한 하나는 아니겠지요. 여하튼 그렇게 하나의 해석이 교회를 지배하다 보니, 다양한 해석의 여지가 없어지게 됩니다.

　그런데 평신도 교회는 목회자 한 사람의 해석뿐 아니라 여러 해석이 공존할 수 있다는 고백 위에 세워진 공동체입니다. 내 해석이 옳고 남의 해석은 틀렸다는 관점을 지양하고, 내가 받은 해석의 은혜를 인정하되 다른 형제자매들의 해석을 통해서도 하나님이 성경을 통해 들려주고자 하시는 온전한 의미를 알고자 하는 태도, 그것이

평신도 교회의 핵심입니다. 저는 그런 의미에서 '교회는 성경 말씀을 해석하는 공동체'라는 정의를 좋아합니다. 해석의 공동체는 말씀에 대한 해석을 한 사람의 권한으로 독점하지 않는다는 의미, 서로의 해석에 귀를 열고 존중한다는 의미를 포함합니다. 성령은 이런 방식을 통해서도 역사하십니다. 그런데 이런 방식의 케리그마에 대한 경험이 한국 교회에 부족합니다.

그런 해석의 과정에서 문제가 생기지는 않을까요?

신자들이 말씀을 해석하면 잘못된 방향으로 갈 것이라는 걱정을 합니다. 그래서 신학이 필요하고 목회자의 표준적인 해석이 필요하다고 이야기해요. 물론 그럴 가능성을 유의하고, 서로 말씀에 근거해서 해석의 오류 가능성을 점검하고 수정하는 일도 필요합니다. 그러나 한편으로 평범한 신자들의 해석에도 귀한 진실이 담겨 있다고 생각합니다. 우리가 예수님을 믿게 되면 성령이 내주하시면서 말씀을 해석해 주십니다. 그렇게 해석된 말씀을 붙들고 형제자매들이 모여 말씀을 나누고 해석하면서, 오류는 수정되고 부족한 부분이 채워지고 통합되면서 가장 좋은 해석으로 귀결된다고 봅니다.

일반적으로 주일에 선포되는 하나님 말씀을 '케리그마'(κῆρυγμα)라고 해요. 케리그마란 '선포되는 말씀'입니다. 청중이 좋아하든 싫어하든 관계없이 하나님이 전하라고 주신 것이기 때문에, 청중의 의

사와 관계없이 진리로 선포한다는 뜻입니다. 케리그마인 이상, 선포되는 그 말씀에 우리는 순종할 도리밖에 없습니다. 물론 저는 선포되는 말씀으로서 케리그마를 부정하지 않습니다. 과거 옥한흠, 존 스토트 같은 탁월한 목회자가 말씀을 선포할 때 케리그마로서 우리에게 전달되는 '말씀의 힘'이 있었습니다.

그런데 해석의 공동체에서도 케리그마는 나타날 수 있습니다. 다만 한 목회자의 선포를 통해서가 아니라 신자들이 주일날 모여 말씀을 함께 읽는 과정을 통해서 말입니다. 누군가가 먼저 말씀 해석의 물길을 열겠지요. 그러면 그 말씀을 가지고 교우들이 '정말 이 말씀이 옳은가' 상고하며 자신의 신앙 경험을 토대로 빈칸을 채우는 과정을 거칩니다. 그러다 어느 순간 집단적으로 말씀의 의미를 종합적으로 깨닫는 순간이 옵니다. 성령이 그러한 집단적 깨달음의 과정을 주시는 순간, 그때가 바로 '케리그마'죠. 그러니까 케리그마는 한 사람이 말씀을 선포하며 찾아올 수도 있지만, 공동체가 함께 말씀을 해석하는 과정을 통해서도 올 수 있습니다.

실제로 고린도전서 14장 29절을 보면, 초대교회 교우들을 대상으로 바울이 이런 이야기를 합니다. "예언하는 자는 둘이나 셋이나 말하고 다른 이들은 분별할 것이요." 예언하는 사람들은 두세 명으로 한정하고 질서 있게 전하며, 다른 사람들은 그 예언이 옳은지 그른지 저울에 달아보고(weigh) 해석하라는 말이죠. 그러니까 누군가가 말씀을 예언하고 선포하면 그 말씀이 참인지 따져 보며 해석하는 과정을 거칠 수 있다는 것입니다.

게다가 예언을 여럿이 할 수 있는 가능성을 열어 두고 있다는 점도 기억해야 합니다. 그렇지 않고 목회자 한 사람에 의한 하나의 예언, 하나의 해석만 존재하면 곤란합니다. 그렇게 되면 목사도 나중에는 고갈되고 말아요. 케리그마로서 불같이 찾아오는 말씀을 목회자 한 분이 매주 전달하기는 어렵습니다. 또 우리 신자들이 자기 삶의 문제를 풀기 위해서 말씀의 도움을 받았던 순간은 대체로 목사님의 주일 설교 시간이 아닙니다. 오히려 혼자 끙끙대면서 새벽마다 밤마다 말씀 보고 기도하다가 문제를 해결하는 경험을 많이 하지 않나요? 이런 경험이 교회의 공적 공간에 드러나고 쌓여 가야 한다고 봅니다.

중요한 지적입니다. 그런데 기존 교회에서는 성경을 직접 읽고 해석하는 것에 대한 두려움이 많고, 그래서 목회자에게 의존하고자 하는 성향이 생각보다 강합니다.

하나님이 우리에게 성경을 주신 것은 성경을 직접 읽고 해석하고 자기 문제를 풀어내라는 뜻입니다. 우리가 해석할 자격이 없다면, 중세 시대 천주교처럼 성경을 신자들에게 주지 말아야지요. 한국 교회는 성경을 신자들에게 주었지만 해석할 힘과 자격을 말하지 않았습니다. 그러다 보니 성경 해석에 두려움을 느끼는 것입니다.

여기서 목사의 역할이 중요하다고 봅니다. 신자들이 하나님 말씀을 옳게 해석할 수 있도록 본을 보여 주는 것입니다. '주일날 내가 전하는 말씀만 인스턴트 음식처럼 의존하지 말고 내가 해석하는 방식을 보면서 나를 따르라'고 도전하고, 그리스도 앞에 주체적으로 서도록 돕는 일이 지도자들의 몫입니다. 그런데 적지 않은 목회자들이 신자들을 예수님이 아닌 자신에게 의존하도록 만드는 것 같아 우려될 때가 많습니다.

'내 해석이 잘못되면 어쩌나?' 하는 걱정은, 한 번도 자신만의 해석을 통해 자기 문제를 풀어 본 경험이 없는 사람이 하는 얘기예요. 빙판에서 스케이트를 타는 기쁨은 숱한 넘어짐과 시행착오를 거쳐야 찾아옵니다. 성경 말씀 해석도 마찬가지예요. 자기가 직접 해 봐야 합니다. 그러다가 해석의 경험이 차곡차곡 쌓이면, 잘못하면 어떡하나 하는 걱정이 들 리가 없고요.

그리고 예수님의 제자로 살면서 다른 소리를 듣지 않고 오직 하나님이 들려주시는 소리만 듣겠다고 결단한 자가 해석의 잘못으로 망가지는 경우는 없습니다. 성령이 내주하시고, 그분을 의지해서 말씀을 보고 해석하는 사람이니까요. 성령이 침묵하셔서 말씀을 잘못 해석할 리는 없어요. 말씀에 대한 잘못된 해석의 방향이란 결국 '예수는 구세주가 아니다'라는 결론이겠죠. '신자는 세상의 고통에 관심을 기울이면 안 돼'라는 자세입니다. 이와 달리 예수를 구주로 인정하고 제자로 삶을 살기 원하며 '제 문제를 풀 수 있는 힘을 주십시오' 하고 기도하는데 성령이 침묵하실 리가 있습니까? 엉뚱한 결론을 언을 리 있습니까?

물론 그런 사람도 해석의 잘못을 범할 수 있습니다. 그러나 그런 문제는 평신도만의 문제가 아니에요. 목회자도 똑같이 그 위험에 노출되어 있어요. 양 무리의 본이 되는 목자가 아니라 삯꾼이 될 위험은 늘 우리 안팎에 있습니다. 삯꾼 마음을 가지고 성경을 보면, 성경에 복종하는 것이 아니고 성경을 이용하게 됩니다. 그러다 보면 제 소견에 옳은 대로 행하는 사사 시대로 가게 됩니다. 평신도가 성경을 읽고 해석의 다양성이 생겨서가 아니라, 누구든지 성경을 떠나 제 욕심대로 살고자 하는 마음 때문에 사사 시대로 가는 것입니다.

다른 글에서 개신교의 역사적 기초가 주후 300년 초대교회로까지 거슬러 올라간다고 말씀하셨는데, 조금 설명해 주시겠습니까?

평신도 교회는 사제나 직업적 종교인이 없는 형태의 교회인데요. 이것을 요즘에는 이상하게 보지만 사실은 초대교회의 일반적인 모습이었습니다. 당시 초대교회에 사제 집단과 평신도 집단으로 나뉜 교회가 있었습니까? 바울도 신자들에게 '형제자매 여러분'이라고 하지, '나는 주의 종이고 그대들은 주의 백성이오. 그러니 스스로 하나님을 의지할 생각을 하지 말고 내 말만 들으시오' 하는 식으로 대하지 않았습니다. 오히려 끊임없이 교회와 신자들의 성숙(엡 4:13-15)을 기대했습니다.

말씀 전하는 사람의 직업적 리더십 또는 권세나 권위가 한 사람에게 몰리는 형태는, 오늘날과 같이 교회 내 신자들의 수가 많아지면서 나타난 현상입니다. 초대교회 때는 방금 말씀드린 것처럼 예언하는 사람이 부지기수였어요. 말씀을 해석하는 사람들, 통역하고 번역하고 방언하는 사람들도요. 그때 초대교회가 가정에서 모였는데 기껏해야 열댓 명 정도 모였고, 회당이라는 것도 열 가정 이상이면 회당이고 그렇지 않으면 기도처였거든요. 얼마 안 되는 사람이 모여 그곳에서 함께 성경을 해석했으니, 교회 조직을 지도층과 평신도층으로 나누고 지도층에 카리스마적 특권을 부여하는 일은 없었습니다. 지도자가 없었다는 말이 아닙니다. 조직인데 아무렴 지도자가 없었겠습니까? 다만 그 지도자의 인도를 따라, 모두가 성경을 읽고 바울과 베드로가 전해 준 말씀을 기억하면서 함께 해석하고 묵상하고 자기 이야기를 풀어내며 힘과 용기를 얻는 것이 일상이었어요.

문제는 313년 이후였습니다. 콘스탄티누스 황제가 기독교를 공인하면서 그런 자유로운 시도들이 사라지고, 오직 사제 그룹에게만 말씀을 전하고 미사를 집전하고 하나님 말씀을 대언하는 권한이 집중된 것입니다. 그런 상황 속에서 초대교회 계승자들은 로마가톨릭교회의 교권주의 혹은 국가교회에 반발했고, 종교가 정치권력과 결탁하거나 스스로 권력이 되고 국가가 되는 형태를 경계했습니다. 바로 이 계승자들이 국가교회에 편입하기를 거부하고 초대교회 전통을 따라 계속 말씀을 붙들고 천 년의 세월을 버티다가 루터의 종교개혁으로 그 횃불을 이어 준 것입니다.

그런데 그 천 년의 세월을 버틴 문서를 보니, 놀랍게도 루터가 고백했던 이신칭의, 즉 믿음으로 구원을 얻는다는 내용을 그대로 고백하고 있더라고요. 가톨릭의 마리아 숭배 사상, 신상 숭배 등을 다 거절하고 산상수훈의 말씀을 따라 예수의 제자로 살아야 한다는 것도 강조하고요. 물론 말씀을 전하는 리더가 있지만, 초대교회의 수평적 조직 형태를 그대로 유지했어요. 리더가 한 번 정해지면 다른 사람들이 말씀을 전하는 자격이 없어지는 것이 아니었습니다. 리더가 순교를 당하면 다른 평신도들이 말씀을 전하는 리더가 되기도 했죠. 이렇게 굉장히 유동적이고 수평적인 교회 형태가 사실은 초대교회 때부터 지금까지 면면히 이어져 온 것입니다.

하지만 루터가 종교개혁을 하면서 그 점을 회복하지는 못했어요. 이신칭의의 구원론은 회복했지만, 국가주의적 교회 형태를 극복하지는 못한 것입니다. 가톨릭 교회에서 사제가 말씀 해석권을 쥐고 있다가 개신교로 넘어와서는 목회자와 신학자가 지배하는 구조랄까요. 로마가톨릭 교회 시절에 교회가 정치권력이 되어서 국가를 통제했다면, 이후 개신교회가 도시 귀족들과 영주들, 시의 권력자들과 합세해서 국가주의 교회 형태를 유지하는 폐단은 지속되었습니다. 물론 그것을 루터의 잘못이라고만 비판할 수는 없어요. 그 당시 어쩔 수 없는 면이 있었기 때문이지요. 하지만 루터의 엄연한 한계이기도 했습니다. 그 모습을 보고 다른 그리스도인들이 루터의 한계를 넘는 시도를 하다가 그것이 오늘날 기독교의 한 흐름으로 자리 잡게 된 것입니다.

그런 의미에서 평신도 교회란 초대교회의 본질을 회복하고자 하는 시도입니다. 사실 어떻게 보면 모든 신자와 교회들이 평신도 교회입니다. 구약 시대의 사제가 없는 종교 질서라는 점에서, 초대교회는 모든 사람이 평신도였어요. 누구나 성경 말씀을 듣고 그에 반응하고, 또 평신도와 사제 집단의 이원적 구별이 없는 교회 형태였습니다. 저는 초대교회의 그런 평신도성을 강조하는 평신도 교회 운동이 현재 한국교회의 고질적 문제를 푸는 여러 실마리 중 하나라고 생각합니다.

자녀들과 나눈 성경 이야기를 엮어 《만남》이라는 책을 쓰셨어요. 가정에서 아이들과 어떻게 성경공부를 하고 계시는지 궁금합니다.

중학생이 된 아이들과 대화를 나누다가, 아이들의 내면에 성경의 가치가 제대로 자리 잡혀 있지 않다는 사실을 확인하게 되었어요. 대부분의 아이들처럼 자본주의가 추구하는 '돈'의 사상에 물들어 있다는 조짐이 보였지요. 그래서 그때까지 가져 오던 가정예배 시간에 더욱 정신을 바짝 차리게 되었다고나 할까요.

덧붙여, 제대로 된 성경공부를 해야겠다고 생각했어요. 그래서 중학교 1학년인 큰아들을 비롯해 3명의 학생들을 앉혀 놓고 말씀을 나누었습니다. 일방적으로 가르치는 방식은 더 이상 효력이 없으니, 좀 더 살아 있는 방식의 성경공부를 시도했지요. 우선 제가 토요일에 요한복음을 한 장씩 미리 공부했습니다. 줄거리를 파악하고 중요한 질문 사항을 정리한 후, 주일에는 성경 그 자체만 가지고 아이들과 한 시간 반 정도 말씀을 나눴습니다. 의미 있는 과정이었어요.

좀 더 구체적으로 설명해 주신다면요?

주일학교 공과공부 교재를 보면 대체로 부실합니다. 피상적인 지식 혹은 교리적 답을 찾기 위한 과정이라 할까요. 그래서 성경 본문을 교재로 선택했고, 먼저 요한복음 1장 말씀을 읽고 줄거리를 요약했습니다. 그리고 본문 속에서 예수님과 제자들의 대화 중 얼핏 이해되지 않는 부분이 나오기 마련인데, 그런 부분들을 찾아서 질문거리로 만들어 아이들에게 물어보았습니다. 성경에 대한 지식이 있어야 풀어낼 수 있는 것도 아니고, 제가 궁금하다면 아이들도 궁금할 만한 상식적인 주제였어요. 그렇게 질문과 대답을 반복하면서 함께 성경 이야기 속으로 빠져들어 갔지요. 그런 과정을 한 10년 거쳤는데, 그러면서 알게 모르게 아이들이 스스로 성경을 읽고 해석하는 힘이 길러졌습니다.

이때 조심할 것 한 가지가 있습니다. 부모들이 자녀들과 성경 말씀을 나누고자 할 때 가장 중요한 핵심은, 이런 대화가 가능한 관계

가 만들어져야 한다는 점입니다. 어떤 사춘기 아이가 부모와 성경을 갖고 대화하기를 좋아하겠습니까? 그게 가능하려면 좋은 관계의 끈이 필요합니다. 평상시 부모들이 아이들을 자기 생각으로 가두고 소통하지 않다가, 가정예배나 주일 말씀 시간에 갑자기 '오늘 본문에서 예수님이 왜 이런 태도를 취하셨다고 생각하니? 너의 관점은 뭐야?' 물을 수는 없지 않습니까? 그런 위선으로는 절대 아이들이 말씀의 세계 속으로 못 들어옵니다.

그러니 아이들과 자유롭게 대화하려면 삶의 모든 영역에서 자녀들의 일정한 신뢰를 얻어야 합니다. 왜 우리가 아이들과 성경을 갖고 만나지 못하는가, 그 이유의 깊은 부분을 따지고 들어가면 만남의 실패가 있음을 알게 됩니다. 아이들과 깊고 수평적인 신뢰의 만남이 없으니 성경공부를 하자고 이야기할 수 없고 공부해도 변화가 없을 수밖에요.

왜 신뢰가 안 생길까요? 부모의 헛된 기대 때문입니다. 아이들을 점수와 등수로 기대하고, 아이들이 주는 도전과 맹랑한 질문을 존중하는 수평적 대화 방식이 익숙하지 않기 때문입니다. 아이들이 알게 모르게 부모로부터 억압을 경험하는데, 그 감정을 갖고서는 성경을 해석하는 주체가 되지 못합니다. 언젠가 자녀도 부모의 해석으로 시작해서, 스스로 성경을 해석하는 방향으로 뻗어 가야 합니다. 해석의 주체로 아이들을 존중하려면, 평상시 일상에서 아이들을 삶의 주체로 인정해 주어야 합니다.

페이스북에서 아드님이 나눈 설교문을 보았는데요. 20대 초반의 나이에 성경을 보고 본인의 해석으로 나아가는 그 깊이가 참 놀라웠고, 비결이 궁금해졌습니다.

저희는 목회자가 따로 없고, 그래서 고등학교를 졸업하면 모두 자기 순서가 되면 말씀을 나눕니다. 부모와 어른들이 말씀을 읽고 해석하고 나누는 과정을 아이도 오랫동안 보고 참여하면서, 때가 되면 말씀을 나누는 거죠. 어찌 보면 저희 교회에서 성도들이 성경을 읽고 해석하는 방식을 내면화한 것입니다.

아이들이 성경 해석하는 과정을 가만히 보면 의미 있는 내용들이 있고, 그것을 붙잡아 발전시키는 역할을 어른들이 해 주어야 합니다. 그 해석이 잘못됐을 경우, 어떤 면에서 타당하지 않은지를 성경의 맥락과 본문 구조 속에서 이야기해 주면서 더 정확한 해석의 길로 안내할 수 있지요. 그런 과정을 거치다 보면, 생각의 길이 열리고 그속에서 말씀을 보는 눈이 생깁니다.

해석의 과정 속에서 사람들은 자연스럽게 자기 문제를 집어넣고, 반대로 자신의 문제를 그 과정에서 발견하기도 하지요. 아이들도 마찬가지입니다. 저는 성경 해석 과정이란 결국 자기를 만나는 과정이라고 봅니다. 성경을 잘 해석했는데 '나'를 만나지 못했다고 한다면 그것은 불완전한 해석입니다. 우리가 그런 과정을 거쳐 오지 않았습니까? 아이들도 말씀을 해석하면서 자연스럽게 자기 문제를 말씀과 연결하더라고요.

예언자의 삶을 살아가는 평신도

그야말로 모든 신자가 함께 성경을 해석하는 평신도 공동체 이야기를 듣다 보니 감격이 느껴집니다. 그렇다면 세상 속에서 평신도는 어떻게 살아야 한다고 생각하십니까?

우리는 그리스도인의 신분을 제사장, 하나님의 종, 하나님 백성 등으로 설명합니다. 저는 예언자(행 1:17)라는 정체성도 중요하다고 생각해요. 초대교회 내에 예언자들이 많았던 것 같아요. 그렇다 해도 사도 바울은 예언자가 말씀을 주님께 받아 공동체에 내어놓을 때 그냥 순종하는 것이 아니라 그 말씀을 분별하라고 했어요. 해석하고 분별하는 신자의 역할도 있다는 말이지요.

여기서 예언자의 정의를 생각할 때, 일반적으로는 예언을 장래 일을 미리 말하는 것으로 생각하기 쉽습니다. 그러나 아브라함 헤셸은 《예언자들》에서 인상적인 해석을 내리고 있습니다. 헤셸에 따르면, 예언자는 소리 없이 우는 사람들의 울음소리를 듣는 사람입니다. 저는 그 정의에 놀랐어요. 우리는 약자들의 소리 없는 울음소리에 예민하지 않습니다. 예언자들이란 곧 역사를 향한 하나님의 뜻을 선포하는 사람입니다. 또 그 하나님의 뜻은 약자들의 소리 없는 울음소리와 연결되어 있습니다. 권력의 불의와 거짓으로 신음하는 사람들은 늘 약자들이고, 그들의 신음을 듣고 하나님의 공의를 외치는 자가 바로 예언자입니다. 그러니 예언자들에게 가장 필요한 것은 약자들의 울음소리를 듣는 민감한 감수성입니다.

그 예언자의 삶을 사는 중요한 통로 중 하나가 직업인데요. 자기 직업을 통해 만나는 사람들의 고통에 응답하는 것입니다. 우리는 환자의 고통스러운 질병을 해결하기 위해 의료인이 되고, 법적으로 억울한 사람이 없도록 법조인이 되며, 힘없는 아이들을 대신해서 싸우기 위해 선생이 됩니다. 그러니까 그리스도인에게 직업이란 자기 안전을 획득하고 돈벌이를 하는 수단이 아니라, 다른 사람의 고통에 응답하는 행위입니다. 직업을 그렇게 정의할 때 비로소 직업과 신앙, 교회와 세상의 간격이 좁혀지겠지요. 성경 말씀은 우리가 그렇게 세상에서 예언자로 살도록 언제나 우리를 도전하고 불편하게 만듭니다.

좋은교사운동 대표들이 와서 저에게 이사직을 그만두면서 후배 운동가들에게 당부하고 하고 싶은 얘기가 있느냐고 물었을 때, 제가 얘기했어요. 우리 기독 교사들은 아이들의 울음소리를 가장 크게 듣는 사람들이어야 한다고 말입니다. 사람은 자기중심적 존재이기 때문에, 좋은교사운동을 할 때도 자칫 자신과 동료 교사들을 위로하는 일에 집중하기가 쉽습니다. 그러나 선생이 행복하다고 해서 아이들의 행복이 보장되는 것은 아닙니다. 선생 자신의 삶은 만족스러운데,

가르치는 아이들이 피를 철철 흘리며 아파하고 불행할 수 있겠죠. 그럴 때 교사의 행복감은 과연 온전한 것입니까? 참된 선생이란, 자기가 가르치는 아이들이 행복해지기까지는 결코 행복하다고 말할 수 없는 존재입니다. 우리는 아이들의 울음소리를 듣고 애통해 하며 그 문제를 풀기 위해 애써야 합니다.

그리스도인이 예언자의 감수성을 잃으면 어떻게 될까요?

다른 감정이 찾아오겠지요. 어차피 우리 모두는 누군가의 소리를 들으면서 살기 마련입니다. 소리를 듣지 않고 살 수는 없어요. 아이들의 우는 소리가 안 들리면, 권력자들의 소리나 내 속에서 일어나는 욕망의 소리가 크게 들릴 것입니다. 내 안전을 도모하는 울타리를 높이자는 외침에 예민해지겠지요.

그렇게 되면 약자의 고통을 줄이기 위해 진액을 짜서 무엇인가를 해야 할 절박함이 사라집니다. 자아를 부정해야 할 필요도 없고, 자기의 본능과 욕망의 소리에 계속 자기를 맞추면 되고, 그렇게 살다 보면 하나님이 불필요해집니다. 왜냐하면 하나님은 고아와 과부의 보호자, 즉 약자들을 대변하시는 분이시기 때문입니다. 그런 분을 매일 만난다 하더라도 하나님의 말씀이 들리겠습니까? 말씀이 안 들어오는 거죠. 또는 말씀을 자기 방식으로 곡해하기도 합니다. 하나님 아버지와 예수 그리스도가 그러하셨듯이, 우리가 그런 약자들의 소리에 민감한 삶을 살 때 비로소 말씀이 들립니다. 그런 의미에서 한국 교회에서 예언자로서 신자의 역할을 강조하지 않는 것은 매우 안타까운 일입니다.

마지막으로, 평신도로서 각자 사명을 띠고 살아가는 신앙의 후배들을 위해 조언을 부탁드리겠습니다.

평신도의 역할은 두 가지가 있습니다. 첫째는 예수님의 뒤를 따라 사회 속에서 직업인으로 하나님 나라를 확장하는 일, 둘째는 교회 구성원으로 교회를 새롭게 하는 일입니다. 저는 이 일들을 하다가 비판이나 공격을 받을 때가 종종 있었어요. 또한 일에 심취한 나머지 다른 사람과 나를 구별하고자 하는 날카로운 마음이 들 때도 있었습니다. 특히 교육 운동이나 평신도 교회 운동은, 칼날처럼 경계가 분명하고 피아가 나뉘며 논리와 감정을 소모할 때가 많습니다. 그러다 보면 힘이 소진될 우려가 커요.

저는 그때마다 품는 생각이 있습니다. 남을 비판하고 꾸짖기 이전에, 혹은 내가 옳다고 생각한 것을 남에게 요구하기 전에 자기 자신이 먼저 누리는 운동이 되어야 한다는 생각이죠. '평신도 교회를 섬기다 보니 얻는 것이 참 많구나. 이전에는 보지 못한 것을 보게 되고, 삶이 풍요로워지고 성경을 보는 눈이 이렇게 깊어지는구나.' 이렇게 내가 경험한 좋은 것을 남들과 나누려는 마음으로 운동을 해야지, 바깥의 어둠과 대결하는 방식만으로는 운동이 오래가지 못합니다. 그래서 저는 자신이 먼저 누리는 운동, 내 삶을 바꾸고 그 삶을 즐거워하는 운동 방식을 권합니다. 그러지 않으면 마음이 피폐해지니까요. 바깥에 있는 적과 맞서기만 하면 내면이 피폐해집니다. 적은 내 마음속에도 있거든요. 내 욕망, 내 분노, 내 좌절, 그런 내면의 어둠과 싸워서 이기고 정신이 맑아져야 운동을 오래 할 수 있습니다.

악마와 싸우면서 그 악마에게 삼켜질 위험은 늘 존재합니다. 생활을 변화시키고, 낡은 가치와의 대결에서 승리하고, 유머를 잃지 않는 것, 무엇보다 말씀 보고 기도하기를 쉬지 않는 것. 이것이 어둠과 싸우다가 자신을 잃어버리지 않는 유일한 길이라 생각합니다. 저의 이야기를 읽는 분은 아마도 세상과 교회를 바꾸는 일에 관심이 많은 분일 텐데, 그 점을 꼭 권하고 싶습니다.

4

거대한 스토리
안에서 평생을
살아가기

정병오

'좋은 평교사'의
부르심을 좇는
시민운동가

대학교에서 윤리교육을 전공하고 20여 년 동안 중학교 도덕 교사로
근무했다. 교사 생활을 하면서 '기독교윤리실천운동' 교사 모임을 시작했고,
이어서 기독 교사 단체들의 연합 모임인 '좋은교사운동' 대표로 활동했다.
현재 서울시교육청이 운영하는 공립형 대안학교인 오디세이학교 교사로
근무하면서 기독교윤리실천운동 공동대표로 섬기고 있다. 그간의 시민운동
경험을 토대로 《기독시민으로 산다》라는 책을 썼고, 2017년부터 페이스북에
성경 묵상글을 매일 빠지지 않고 올리고 있다.

많이 궁금했는데, 이렇게 오디세이학교로 초대해 주셔서 감사합니다. 학교의 설립 철학과 과정이 남다를 것 같은데 설명을 부탁드립니다.

제가 2009년과 2011년에 북유럽 교육 탐방을 다녀온 적이 있어요. 핀란드, 덴마크, 스웨덴 세 나라를 좋은교사운동 선생님들과 다녀왔지요. 특히 덴마크에 갔을 때는 그룬트비의 사상이 덴마크를 지배하고 있더라고요. 200년 전의 사상이 한 국가를 지배하는 영향력이 대단히 컸습니다. 가히 공교육의 천국이라고 할 수 있는 그 나라의 교육제도가 부러웠지만, 교육은 사회의 한 부분이기에 교육만 따로 떼어서 가져올 수는 없더군요. 그렇지만 중학교와 고등학교 사이 1년 과정의 대안학교인 에프터스콜레(*efterskole*)를 보면서 우리나라 학생들이 눈에 밟혔어요. 제가 가르치는 수많은 중학생들 중에는, 착하지만 무력하고 삶의 의미나 꿈을 찾지 못해 수업 시간에 엎드려 있고 게임에만 과몰입된 친구들이 많았어요. 그래서 한국에 이 에프터 스콜레를 도입해 아이들이 꿈을 찾을 수 있는 학교를 운영하면 좋겠 다고 생각했습니다. 하지만 현실화하기에는 어려움이 많았죠. 제게 그런 학교를 세울 재력이나 권력이 있는 것도 아니고요.

마침 2014년 조희연 교육감이 당선되면서 제게 인수위원으로 들어오라고 하시더라고요. 좋은교사운동 쪽 사람이 들어오면 좋겠다 고 말입니다. 그분이 진보의 지지를 받고 교육감이 됐는데 보수나 중 도의 지지를 받는 사람도 필요했던 거죠. 그렇다고 좋은교사운동 현 직 대표들이 들어갈 수는 없어서(중립을 지켜야 되니까요) 전 대표인 제 가 들어가게 된 겁니다. 하지만 이미 진보 진영 인사들이 주축이 되 어 있어서 저는 별로 할 일이 없었어요. 그러던 차에 공약 중 하나인 인생학교를 시작하는 TF팀에 참여하게 되었습니다. 그렇게 현직 대 안학교 교사, 공립학교 교사, 교육청 관계자 등 다양한 분들과 함께 오디세이학교를 만들어 나갔습니다.

사실 저는 이 일을 하면서 대안교육을 처음 접한 셈이에요. 20년 이상 학교 밖에서 실천해 온 깊이 있는 교육 철학이 있고, 교육의 본 질을 꿰뚫고 계신 분들을 통해 상당한 성과가 축적되어 있어서 충격 을 받았습니다. '큰 공교육 시스템 속에서 할 수 없는 것들을 이 열악 한 상황 속에서 하고 있었구나.' 그리고 제게 주어진 역할은 대안교 육의 좋은 내용들을 공교육과 접목하는 것이었습니다. 교육청이라는 관료조직과 대안교육이라는 자유롭고 창의적인 교육적 흐름을 유기적으로 결합해 교육적 시너지를 만들어 내야 하는 일이었어요.

오디세이학교는 제도적으로는 공립학교이면서 내용적으로는 대안교육을 가지고 와서 17세를 위한 1년짜리 교육과정을 운영하는 학교예요. 100명 규모의 작은 학교지만, 저는 오디세이학교를 미래 학교라고 생각하거든요. 교육의 미래는 교육공학적 기기의 발달이 아니라, 좋은 글을 많이 읽고 그것을 자기 것으로 만들어 이야기하고, 토론을 통해 생각을 교류하고, 그렇게 정리된 내용을 함께 실천하면서 생각과 삶의 폭을 넓혀 가는 데 있잖아요. 그것이 교육의 본질이기도 하고요. 오디세이학교는 바로 이 부분에서 한국 교육에 도전을 주고 있고 지금은 많이 안정된 상태입니다. 그래서 앞으로는 이러한 교육적 성과를 공교육에 전파하는 일에 집중하려고 해요.

그야말로 미래가 기대되는 학교입니다.

감사합니다. 저희 학교는 매해 새로운 실험을 해 오고 있는데, 올해부터는 강화도에 있는 꿈틀리 인생학교와 협력을 시작했어요. 꿈틀리 인생학교는 오디세이학교와 같은 정신을 가지고 강화도에 세워진 기숙형 민간 에프터스콜레입니다. 서울시교육청 소속 학생들 가운데 농촌에서 생태체험을 하고 기숙사 생활을 하면서 삶을 탐색하고자 하는 학생들을 이곳에서 교육하는 것이죠. 이 일을 위해 오디세이학교 교사 한 명이 강화도로 파견을 가야 해서 제가 자원했지요.

삶은 부르심에 응답하는 과정이다

멋진 실험이군요. 그런데 어떻게 보면, 선생님이 일반적인 교사의 진로와는 좀 다른 길을 걷고 계시다는 생각도 드는데요. 이렇게 한결같이 평교사로 일 하시는 이유는 무엇인지요?

　살아갈수록 '현장'이 중요하고, 그 현장의 최전선에서 현역으로 하는 일의 소중함을 느낍니다. 물론 모든 일이 나름대로 현장의 성격을 갖고 있어요. 하지만 각 영역에서 가장 기본이 되는 현장이 있고, 그 기본 현장을 지원하는 일이 존재하죠. 어쩌다 보니 현장보다 그 현장을 지원하는 일을 우대하는 문화가 생기긴 했지만, 그럴수록 기본 현장의 일을 더 중요시해야 한다고 봅니다. 스포츠를 생각해 보면 선수가 있고 코치나 감독도 있잖아요. 물론 코치나 감독도 중요한 역할을 하지만, 저는 스포츠의 영광은 선수라고 보거든요. 체력이 안 되거나 여타 이유로 선수 생활을 지속할 수 없을 때 코치나 감독을 할 수 있지만, 나이 들어서도 현역으로 뛸 수 있다면 그보다 영광스러운 일은 없겠지요. 그래서 저는 가능하다면 바닥 혹은 현장에서 실제로 부딪치면서 하는 일을 중요하게 여깁니다.
　물론, 사람은 늘 가지 못한 길에 대한 아쉬움이 있기 마련인데요. 제가 대학교를 졸업하고 학교라는 현장에 바로 뛰어들었잖아요. 어떤 친구들은 공부를 더 해서 박사가 되고 그 분야의 교수가 되었어요. 또 어떤 친구는 목회자가 되기도 하고요. 그 친구들이 공부를 더 해서 교수가 되고 목회자가 되는 동안 저는 그냥 교회에서 평신도로 설교 듣는 자로, 봉사하는 자로 살아왔어요. 학교에서는 교수들이 정리해 놓은 이론을 따라 아이들과 부대끼며 교사로 살아온 거고요. 결국 여기서 중요한 것은 부르심입니다. 내가 나의 부르심을 따라 현장에서 충실한 삶을 살았다면, 그 현장이 사회적으로 높은 평가를 받지 못한다 하더라도 타인과 비교할 필요가 없는 것이죠. 내게 주어진 현장에 충실한 것으로 충분히 의미 있는 삶을 살았으니까요.

어떤 사람은 제가 교장이나 교감이 될 나이인데 왜 지금까지 평교사를 하고 있냐고 묻기도 하는데, 저는 이것도 일종의 부르심으로 여깁니다. 교육 행정에 부르심을 받은 사람은 장학사든 교감 혹은 교장이든 행정적 직책을 수행하는 길로 가야 한다고 봐요. 그런데 결과적으로 저에게는 그런 부르심이 없었어요. 제가 교장이 될 수 있는 기회가 여러 번 있었는데, 그게 매번 막히더라고요. 어떤 의미에서는 하나님이 저를 그쪽으로 부르시지 않은 것이 너무나 감사한 일일 수 있겠다고 느꼈죠.

제가 좋은교사운동 대표였을 때는 교육부 장관과 국회의원들을 만나고 돌아다니다가, 학교에 복직을 하면서는 코흘리개 아이들과 하루 종일 실랑이를 벌이며 지냈어요. 그래서인지 많은 사람들이 정치권이나 교육청을 기웃거리며 사회적으로 더 높은 지위와 명예가 주어지는 곳으로 가려는 유혹을 받더라고요. 물론 어떤 사람은 그 영

역으로 부르심을 받아 그곳으로 가야 할 것입니다. 그러나 저는 하나님이 그곳으로 저를 부르지 않으셔서 참 감사합니다. 평교사로 아이들 곁에 있을 수 있게 해 주셔서 영광이고, 이것이 하나님이 저를 사랑하시는 증거라고 생각하게 되었어요.

요즘 저는 스스로 플레잉 코치 정도의 역할을 하고 있다고 생각해요. 선수 겸 코치 역할인 셈이죠. 학교에 후배 선생님들이 많은데, 교장이나 교감으로서 지도할 수 있는 부분도 있지만 제가 평교사로서 후배들과 교제하면 훨씬 잘 따릅니다. 교장, 교감은 관리자이기 때문에 약간의 벽이 있지만 저는 같은 선생이거든요. 같이 수업과 생활 지도를 하고, 그러면서 실수하고 학생들에게 화를 내기도 하는 동료 교사인 저를 후배들이 잘 따릅니다. 교장도 훌륭한 사람이어야 하겠지만, 후배들과 함께 어울리는 좋은 선배 교사가 있으면 훨씬 부드러운 학교 분위기가 만들어지겠죠.

제가 믿기로, 결국 하나님은 작은 일에 충성한 자를 크게 쓰시는 것 같아요. 큰일을 꿈꿀 필요가 없어요. 지금 주어진 부르심에 충실할 뿐이지 남의 부르심까지 부러워할 필요가 없잖아요. 그것이 바로 제가 느낀 바였습니다. 사람은 누구나 작은 일을 할 수밖에 없고 큰일을 하는 사람은 매우 적죠. 그 작은 일을 얼마나 깊이 있고 충성되게 해내느냐의 문제 같아요. 제게 주어진 아이들에게 충실하게 깊이 들어가면 세상이 다 통하는 거잖아요. 오디세이학교는 작은 학교지만, 이 학교를 충실하게 섬기려 노력하다 보면 하나님이 이것을 들어 쓰셔서 한국의 교육을 새롭게 하시리라 믿습니다.

말씀을 들으면서, 선생님이 《기독시민으로 산다》에서 쓰신 평신도의 영광과 사명이라는 말이 떠오릅니다. 계속해서 부르심에 대해 좀 더 말씀해 주시겠습니까?

평신도 혹은 기독 시민의 삶을 생각할 때 제일 핵심이 되는 개념은 '부르심'입니다. 평신도는 하나님의 부름을 받은 사람이라는 말이지요. 흔히 부르심이라고 하면 목회자로서 부르심만 생각하지만 사실 모든 사람이 하나님의 부르심을 받습니다. 물론 목회자의 부르심은 매우 중요하지만, 슬프게도 주변 목회자들 가운데 자신의 부르심을 명쾌하게 설명하지 못하는 사람도 많아요. 자신도 불행하고 한국 교회에도 불행한 일이죠.

하지만 평신도도 자신의 부르심에 대한 명확한 인식이 있어야 합니다. 목회자는 교회의 전임 사역자로 부름 받은 반면, 성도는 세상 속의 전임 사역자로 부름 받은 사람입니다. 여기서 '세상'을 구체적으로 보면 가정과 직장, 시민사회, 교회, 네 영역으로 나눌 수 있겠죠. 우리는 이렇게 네 영역으로 부름을 받고 각 영역에서 부르심에 응답하는 삶을 살아가야 합니다. 누구나 가족의 일원으로 태어나 자라기 때문에 가족 내에서 감당해야 할 부르심이 있고, 결혼을 하면 배우자와 자녀에게 부름을 받아 이에 어떻게 응답할지 생각하게 되지요. 취업을 앞두면 어떤 직업으로 부르시는지 묻고, 그 직업 영역에서 하나님이 원하시는 바가 무엇이고 어떻게 실현할지를 고민해야 합니다. 또 한 사람의 시민으로서 국가와 지역사회를 향한 하나님의 부르심을 묻고 순종해야 하고, 교회의 일원으로서 교회를 세우라는 부르심에 응답해야 하죠.

그런데 이러한 부르심을 확인하고 응답하는 방식에서 목회자와 평신도 사이에 약간의 차이가 있어 보여요. 제가 늘 사용하는 표현을 쓰자면, 목회자는 주로 연역적으로 접근하는 사람이고 평신도는 귀납적으로 접근하는 사람입니다. 그래서 목회자는 말씀에서 시작하지만, 평신도는 현장에서 시작하는 겁니다.

가령, 결혼을 했는데 배우자와 관계 맺는 과정에서 한계를 만나죠. 자녀를 양육하는 과정에서 자신의 미숙함 때문에 넘어지기도 하고요. 바로 그때 내가 어떤 아버지, 어떤 남편이 되어야 하는지를 묻고 기도하면서 하나님 말씀을 듣고자 나아가는 것입니다. 마찬가지로 직장에 가서도 부조리와 비리를 직면하고 그 앞에서 한없는 무능함을 느낍니다. 그때 '어떻게 하면 되겠습니까?' 하고 하나님께 묻고 말씀을 보고 그것으로 살아 보고, 다시 또 묻고 적용하기를 반복하지요. 이렇듯 평신도로 살아가는 모든 삶의 과정이 하나님의 부르심에 응답해 가는 과정이라 할 수 있습니다.

말씀은 나의 안식처

맞닥뜨린 삶의 현장에서 시작하여 늘 말씀으로 돌아가는 삶이 평신도의 삶이군요. 그렇다면 선생님은 어떤 방식으로 말씀 묵상을 하시는지 궁금합니다.

저는 따로 시간 내기가 힘들어서 주로 지하철에서 묵상을 합니다. 최소한 하루에 한 시간은 지하철을 타거든요. 출근 시간이 30-40분 정도인데, 이때 책을 많이 보고 묵상도 할 때가 많습니다. 묵상은 30-40분이면 충분하거든요. 정리는 집에 와서 하지만, 묵상하고 머릿속에 담는 일은 거의 지하철에서 하고, 학교 생활하면서 틈틈이 짬을 내기도 해요. 평신도의 묵상은 직업이 아니잖아요. 직업도 있고 여러 활동도 하기 때문에 거의 자투리 시간을 활용하는 편입니다. 자투리 시간이지만 깊은 묵상이 가능한 이유는 그 자투리가 오랫동안 쌓였기 때문이지요. 수십 년 동안 쌓였기 때문에 결코 무시할 수 없거든요. 하루 30분 내지 1시간 성경을 보지만, 그것이 30-40년이 되면 무시할 수 없는 시간입니다.

그리고 묵상에서 제가 가장 중요하게 생각하는 요소는 맥락입니다. 성경은 쉬운 책이기도 하지만, 사실 어려운 책이기도 한데요. 처음 성경을 접하는 사람들은 그냥 몇 개 구절에서 은혜를 받을 수밖에 없는 것 같아요. 단순하게 한 구절 한 구절 보면서, 전체적인 맥락을 잡지 못하더라도 순수하게 은혜를 받으면서 입문할 수밖에 없어요. 그렇지만 조금씩 신앙생활을 해 나가면서는 문맥을 봐야 한다고 생각합니다. 성경 전체가 말하고자 하는 바, 그리고 각 권이 말하고자 하는 바에 비추어서 해당 본문의 앞뒤 맥락을 잡아 가는 일이 중요하다고 봐요.

제가 신학자는 아닌데, 신학을 공부한 사람과 그러지 않은 사람의 차이는 원어에 대한 지식 차이라고 생각합니다. 그러니까 신학교에서 공부하면 헬라어와 히브리어를 바탕으로 정확한 본문 이해가 가능해요. 반면에 원어를 모르는 상태에서 제가 할 수 있는 것은, 한글 성경을 읽고 영어 성경을 조금 참고하는 정도입니다. 그런 상황이기 때문에 제가 각 단어가 무엇을 의미하는지 정확히 알기는 어렵습니다. 그렇지만 맥락은 이해할 수 있거든요. 기본적으로 텍스트를 읽어 갈 능력이 있고 대학교육을 받았고 책 읽는 훈련이 되어 있는 사람이고 동시에 성경을 많이 읽었기 때문에 가능하다고 생각해요. 어려운 영어책은 못 보지만 번역된 책들은 많으니까 그 책들을 참고하면서 맥락을 잡고, 이 맥락 속에서 오늘 본문이 무엇을 말하는지 다 알 수 있죠.

이렇게 본문이 말하는 바를 앞뒤 문맥 가운데서 정확히 읽어 내려고 노력하면서, 그 본문과 관련된 주해서 한 권 정도는 함께 보는 편입니다. 여러 권의 주해서를 읽을 시간적 여력은 없으니 전문가의 추천을 받아 한 권을 선택하죠. 이렇게 본문 주해서를 참고하는 것은 제 묵상이 지나치게 주관적인 해석으로 흐르지 않도록 안전장치를 두고 점검하기 위해서입니다.

2017년 이후 거의 매일 빠지지 않고 페이스북에 묵상글을 써 오고 계신데, "정병오 선생님은 로봇이다"라는 말까지 들은 적이 있습니다. 두 번의 큰 수술 과정에도 묵상을 멈추지 않으셨는데, 그렇게 꾸준히 지속해 온 동기가 무엇이었을까요?

단 하루도 빠짐없이 올리겠다는 결심으로 시작하지는 않았어요. 어떤 계기가 되어서 정리를 해 봐야겠다는 생각이 들어서 시작한 거죠. 아이들이 자라면서 성인이 되니까 가족들끼리 자주 모일 시간이

많지 않았어요. 그래서 제가 묵상하는 것들을 가족 카톡방에 올려야 겠다는 생각으로 시작했습니다. 가족 카톡방에 올린 내용을 교회 카 톡방에도 올렸고 그러다가 페이스북에도 공유하면서 계속 페이스북 에 글을 쓰게 되었지요. 제 성향이 꾸준한 스타일이거든요. 무엇을 시작하면 특별하게 두각을 나타내진 않더라도 꾸준하게 하는 것이 제 스타일이에요. 계속해서 이어 가는 것이 재미있더라고요. 하다 보 니까 배우는 것도 많고 참 유익하다는 생각이 들었습니다.

처음엔 매일 아침에 올리다가, 일상을 유지하기도 해야 하니까 전날 저녁에 다음날 묵상 내용을 미리 올려놓기도 했어요. 그리고 주 말에는 묵상할 내용들을 미리 보기도 했지요. 그렇게 해 온 과정들이 규칙적으로 조금씩 올릴 수 있는 힘이 되었죠. 사실 제 묵상에 대해 생각해 보면, 50대에 들어서 정리를 한 셈인데 그렇게 정리할 수 있 는 힘이 50년 동안 쌓여 왔던 것 같아요. 20대 때는 처음 시작하면서 정리를 할 수 없잖아요. 정리한다는 건 어떤 기초가 있어야 가능하니 까요. 따라서 제가 20대부터 시작해 깊게 공부했던 30년 정도의 기반 이 있으니까 할 수 있었던 것 같습니다.

또 제가 사역을 많이 하는데요. 현실적인 문제로 골치 아플 때가 많은데, 그럴 때마다 말씀이 제게 안식처가 되어 줍니다. 묵상을 글 로 쓰는 것이 일이지만, 이것을 하는 시간도 하나님이 만들어 가시는 거대한 스토리 안에 들어가 있는 시간이라 생각해요. 하지만 무엇보 다, 말씀을 묵상하고 머릿속에서 정리하고 표현해 보는 시간은 저에게 너무나 기쁜 안식의 시간입니다. 그리고 병원에서 수술 받는 날은 힘들지만, 다른 시간들은 혼자 있잖아요. 대부분 생각을 하는 시간인데 말씀 안에서 생각하는 것이 훨씬 유익하더라고요.

선생님에게 성경이란 그 무엇보다 삶의 안식처 같은 것이군요.

네, 저의 안식처이자 도피성이죠. 바쁜 세상 속에서 숨어 있을 수 있는 곳 말입니다. 전혀 다른 세상이잖아요. 물론 성경이 현실에 대해서 이야기하고 우리도 현실의 삶을 위해 묵상하지만, 이곳은 또 하나의 세계입니다. 현실이 너무나 복잡하고 스스로 풀 수 없는 문제가 많은데 성경의 세계로 들어가면 예기치 못한 평화를 누릴 수 있죠. 그래서 제가 여러 많은 일들 가운데서 묵상하는 것이 또 하나의 일이지만, 한편으로는 일이 아니었던 것 같아요. 성경은 저에게 안식처니까요.

아이들이 자라 이제 성인이 되었다고 하셨는데요. 성장기 동안 자녀들에게 어떻게 성경 교육을 하셨나요?

아이의 연령에 따라 다른 것 같아요. 생활 주기가 다르니까요. 저는 아이들이 어렸을 때부터 빠뜨리지 않고 가정예배를 해 왔어요. 물론 가정예배가 쉽지는 않아요. 긍정적 효과를 발휘하기도 하지만 부정적인 효과를 발휘하는 경우들이 많잖아요. 주변에 정말 많습니다. 권위주의와 결합되어서 아빠가 끌고 가거나 억지로 주입식으로 하면 부작용도 많지요. 저희 아이들도 늘 좋아했던 건 아니고, 반발도 있었기 때문에 제가 꼭 잘했다고 말할 수는 없겠습니다.

어릴 때는 아이들이 다 좋아합니다. 잠깐 찬양하고 어린이 성경을 읽으면서 눈높이에 맞춰 주면 좋아하지요. 그런데 사춘기에 접어들면 '왜 우리 집만 해야 되나? 왜 매일 하나?' 이런 반발들이 늘 있어요. 조정을 해 나가기가 쉽지 않았고, 그래서 나이에 맞게끔 다양하게 변화를 시도해 왔습니다. 사춘기 때는 하이델베르크 신앙고백서를 읽어 보기도 하고 성경을 돌아가면서 나누는 등 여러 형태로 해왔어요. 지금은 아이들이 성인이 되었기 때문에 기도제목 중심으로 삶을 나누면서 같이 기도하고 있어요.

가정에서 하는 예배는 유연해야 된다고 보거든요. 왜냐하면 자녀의 동의 없이는 전혀 기쁨과 감사가 나오지 않기 때문이죠. 그리고 사실 더 근본적이고 중요한 것은 아내와 함께 기도하는 일이라고 봅니다. 물론 그보다 중요한 것은 자신이 성경 묵상과 기도를 좋아하고 그 안에서 기쁨을 누리는 것이고요. 그것이 바탕이 되어 부부관계와 가정예배로 확대되어야 하죠. 그래서 저는 가정예배가 중요하지만 그것을 너무 교육용으로 쓰려고 하면 위험하다고 생각합니다. 특히 가정은 사적인 영역이잖아요. 결국 아이들은 아무리 성경을 열심히 가르치더라도 성경보다는 삶을 보고 배웁니다. 성경 교육과 예배는

5퍼센트입니다. 같이 밥 먹고 놀러 가고 영화 보는 삶이 95퍼센트고요. 이 5퍼센트를 가지고 95퍼센트를 제압하려고 하면 무리수가 생기는 것 같더라고요. 그래서 저는 오히려 95퍼센트가 중요하다고 생각합니다.

저희 집은 가정예배를 쭉 드려 오면서 다양하게 변화를 시도했어요. 지금 제일 감사한 일은 하루에 한 번은 여섯 식구가 둘러앉아서 같이 기도하고 나누는 시간을 가진다는 것입니다. 매일 저녁 9-10시 정도에 모여서 같이 기도하거든요. 기도를 하건 안 하건, 모인다는 사실이 하나의 수확이라고 생각해요. 저는 이런 과정이 문화와 자연스럽게 접목이 되어야지, 하나의 종교적 의례로서 가정예배를 드려서는 안 된다고 생각해요. 가정예배를 드리더라도 설교 내용이나 순서는 큰 의미가 없고, 매 순간 하나님의 인도를 받으며 살고자 하는 부모의 삶의 자세와 이런 이야기를 자녀들과 나누고자 하는 태도가 더 중요합니다.

자녀들에게 성경과 신앙을 가르치는 문제로 많은 부모들이 고심하고 있습니다. 이 문제를 어떤 관점으로 바라보아야 할까요?

자녀가 부모 마음대로 되지 않잖아요? 저희 아이들도 나름의 신앙고백이 있고 교회 생활을 충실히 하고 있지만, 경건의 습관은 부모가 보기에 부족함이 많아요. 물론 그동안 가정예배를 통해 말씀 나눔이나 기도 습관을 형성해 온 부분이 있으니, 하나님이 이후 아이들의 삶 가운데 더 깊이 개입해 주시리라 믿고 있어요. 제 삶을 돌아보면, 큐티 같은 것들은 대학 시절 훈련을 통해서 배웠지만 기도 생활은 삶의 절박함 속에서 기도로 하나님을 붙드는 경험을 통해 쌓여 왔거든요. 길게 봐야 하고, 하나님께 맡겨야 하는 문제죠.

지금 이 시대는 그 어느 때보다 세속화되었고 물질주의의 영향력이 강력하잖아요. 그렇기 때문에 우리 자녀들이 이러한 시대 속에서 경건의 습관을 훈련하고 능력을 발휘하기가 쉽지 않아 보입니다. 하지만 부모로서는 최선을 다해 권면하고 중보해야겠죠. 하나님이 이 세대에는 또 다른 방식의 은혜를 주시고 역사하셔서, 이들이 다음 세대를 책임지게 하시리라는 믿음을 가져야 합니다.

교회를 개척하고, 온 가족이 함께 드리는 예배 형태를 만드신 것으로 알고 있습니다.

저는 큰 교회를 다녀 본 적은 없고 다 작은 교회 생활을 했어요. 현재 소속된 교회는 15년 정도 되었는데, 한 스무 가정 정도로 이루어져 있습니다. 제가 40대 초반에 참여해서 개척을 했고 그때 '온 가족 예배'를 세팅했어요. 어른부터 아이까지 같이 예배를 드렸죠. 그 전에는 주일학교나 중고등부 부장을 많이 했었는데, 주일학교의 그런 분절된 시스템에 회의가 많이 들었습니다. 일시적으로 한국이 선교 대상국이었을 때 가족 중 한 사람만 예수를 믿게 되는 상황에서는 적절했지만, 지금같이 전도도 잘 안 되고 주로 가족 단위로 교회에 출석하는 상황에서는 맞지 않다고 봤어요. 처음에는 그 시끄러운 애들이 말씀을 듣겠냐고 반대하는 분들이 있었지요. 15년 지나고 보니까, 그때 꼬맹이로 참여했던 애들이 지금 다 청년이 됐는데 한 명도 교회를 떠난 아이들이 없어요. 물론 신앙의 깊이는 개별적으로 차이가 있지만 다 신앙을 유지하고 청년부를 하고 있습니다. 이를 지켜보면서 올바른 길이라고 생각하게 되었죠.

옛날 대가족을 생각해 보면 거기 무슨 체계적인 교육이 있는 게 아니잖아요. 같이 둘러앉아서 밥 먹고, 삼촌과 할아버지 얘기 듣고, 혼나기도 하고요. 누군가는 재롱을 떨고 마루에 크게 둘러앉아 옛날 이야기도 하는 가운데 교육이 이루어지잖아요? 신앙 교육도 비슷하다고 봐요. 멋진 프로그램, 제자 훈련, 교재 같은 시스템이 신앙 교육을 하는 게 아니라, 같이 이야기하고 듣고 말씀 나누고 하는 구조에서 신앙이 자라는 것 같아요. 공동체의 예배도 성령이 역사하기 때문에, 꼭 다 이해하지 못하더라도 예배자로서 훈련되는 것 아닐까요? 그래서 저는 어른들이 자녀와 같이 말씀 듣고 찬양하는 이 예배 형태가 성공할 수 있다고 봤습니다.

그리고 교회에서 목회자와 성도들의 관계를 어떻게 할 것이냐 하는 문제 역시 중요하다고 보는데요. 목회자로의 부르심 못지않게 중요한 성도로의 부르심이 있습니다. 하나님이 목회자를 통해 교회에 주시는 말씀이 있지만, 그것만 의존하지 말고 성도들이 매일의 삶에서 각자에게 주시는 말씀을 들을 수 있도록 훈련해야 하는 거죠. 그리고 주일에 들은 말씀과 매일 각자가 들은 말씀을 가지고 삶의 현장에 적용하고 분투한 내용을 주일에 나눌 수 있도록 해야 합니다. 그럴 때 비로소 교회가 풍성해지고, 삶 속에서 능력을 발휘하는 교회가 될 수 있기 때문입니다.

저희 교회가 코로나로 인해 온라인 새벽기도를 시작했어요. 마침 그때가 목사님이 사임하시고 다음 목사님이 오시기 전 공백 기간이었어요. 그래서 성도들이 돌아가면서 말씀 묵상한 것을 새벽기도 때 전하기로 했죠. 저희 교회만 하더라도 평신도가 설교한다는 건 상상할 수가 없는 일이어서, 성도들이 처음에는 못 받아들였습니다. 새벽기도는 자신의 말씀 묵상 나눔 시간이라 생각하고 해 보자고 했는데, 성도들이 너무나 잘해요. 여러 성도가 다양한 관점에서 성경 묵상을 하니까 내용이 정말 풍성했습니다. 한 20명 이상의 성도가 꾸준히 돌아가며 참여해서 한 달에 한두 번씩 나누니까 좋더라고요.

그러니까 한국적 맥락에서는 목사님이 주일 설교를 하고 가르침의 맥락을 잡더라도 새벽기도는 성도들이 하면 좋을 것 같다는 생각이 듭니다. 구역 예배나 모임에서도 가능하겠죠. 목회자들도 성도의 설교를 들으면서 성도의 삶 가운데 말씀이 어떻게 역사하는지를 들어야 합니다. 저는 목회자가 자신감을 가지고 성도의 이야기를 들으면서, 성도들의 어떤 부분을 돌아봐야 하고 어떤 부분을 채워 주어

야 하는지 알 수 있다고 봐요.

이렇듯 성도들이 늘 배우기만 할 것이 아니라 가르치고 나누어야 합니다. 제일 좋은 배움은 자기가 배운 것을 표현하는 것이잖아요. 성도들의 표현을 허용하는 교회가 되어야 하고, 성도의 주체성과 목회자의 리더십이 잘 조화되면서 함께 자라는 교회로 가야 한다고 생각합니다. 다음세대 교육도 마찬가지인데, 아이들이 일방적으로 하는 이야기는 듣지 않아요. 서로 이야기를 나누어야 하는 시대로 바뀌고 있고, 패러다임을 바꿔 나가야 한다고 생각해요.

하나님의 거대한 스토리

선생님이 말씀 묵상을 배우고 훈련하던 대학 시절은 어떠셨습니까?

대학교 1학년 때 SFC(학생신앙운동)라는 선교단체 활동을 했는데, 그때 말씀 묵상을 배웠어요. 수업이 시작되기 전에 8시 20분부터 30분간 같이 성경을 읽고 묵상을 나누는 아침 기도회가 있었어요. 지금 돌아보면 졸업할 때까지 아침 기도회를 거의 한 번도 안 빠지고 참석했던 것 같아요.

그때 저희가 본문 성경공부를 했는데요. 다음 학기에 공부할 책이 창세기라면, 선배들이 창세기를 미리 공부해서 교재를 만들어 그것으로 한 학기를 공부하고, 다음 학기에는 또 다른 책을 공부하는 식이었죠. 총 여덟 학기 동안 양 많고 굵직한 성경책들을 공부하고, 방학 때는 통독도 같이 하고, 학기 중 휴일을 활용해 1박 2일 수련회에 가서 짧은 성경들을 공부했죠. 성경공부를 정말 많이 했어요. 또 여러 관련 서적들도 읽으면서 성경을 제대로 보는 눈이 뜨였습니다.

성경 읽기나 묵상과 관련하여 개인적으로 영향을 받은 분이 있는지요?

제 삶에서 말씀과 관련해 길을 열어 준 분이 계신데, 바로 한국 성서유니온 초대 총무였던 윤종하 총무님이세요. 1985년 1월 정도로 기억하는데, 대학교 1학년 겨울 수련회 때였어요. 잠실중앙교회에서 4박 5일 수련회를 하고 있었는데, 총무님이 큐티를 지도해 주러 오셨어요. 댁이 잠실이어서 매일 아침 오셨는데, 한두 시간 실제로 지도해 주시면서 어떻게 묵상하는지 워크숍을 하셨습니다. 묵상하고 서로 나누는 시간에 원리를 설명해 주시고, 우리가 질문하면 피드백도 해 주셨죠. 그게 큰 전환점이 되었습니다. 그전에 아침 기도회를 하면서도 단순히 느낌 정도 얘기하다가 끝내는 수준이었는데, 이 수련회를 통해서 말씀을 어떻게 해석하고 적용해야 되는지 중요한 깨달음을 얻은 것입니다.

이후로 모임 때마다 모시고 성경을 배웠어요. 저의 큐티는 사실 그분을 통해서 체계가 잡혔다고 봐야 하는 거죠. 신구약 성경의 전체적인 흐름, 각 본문의 문맥을 보는 법, 개인적으로 성경을 연구하는 법 등 성경 읽기 및 성경 연구에 관해 4년 내내 배웠습니다. 윤 총무님이 평신도로서 평생 성경 연구를 많이 하신 분인데, 안타깝게도 책을 많이 안 내셨어요. 그래서 그분이 성경을 강의했던 테이프들을 다 구입했지요. 테이프를 들으면서 하나님의 인도, 하나님 나라 같은 개념을 어떻게 해석하시는지를 배웠죠. 그렇게 기초를 잡고, 그분이 소개해 주신 책들을 읽으면서 성경 전체를 어떻게 봐야 하는지 공부했습니다.

그리고 저는 그분이 말씀 묵상뿐 아니라 삶의 모든 부분에서 하나님의 인도를 받으시는 모습을 보았어요. 묵상한 말씀을 따라 자기를 부인하고 자기 십자가를 지고 가는 모범을 보이셨죠. 지위나 명예에 얽매이지 않으시고 가난한 성경교사로서 자신의 삶을 기쁨으로 감당하며 사신 분이었어요. 소박하고 단순하게, 말씀을 묵상하고 적용한 대로 살아 가셨던 그분의 삶이 저에게 큰 영향을 주었습니다.

이후로 오랫동안 성경을 묵상해 오셨는데, 최근에는 묵상을 통해 어떤 유익을 누리고 계신가요?

처음에 큐티를 배울 때는 말씀을 읽고 삶에 적용할 거리를 찾는데 많이 집중했어요. 그런데 계속해서 성경을 읽어 오면서 느끼는 바는 성경 전체가 하나의 거대한 '스토리'라는 거예요. 성경이란 하나님이 우리 인류를 구원해 가시는 거대한 이야기라는 사실을 인지하면서, 전체적인 성경의 맥이 단절되지 않고 하나로 쭉 이어지게 된 것입니다. '아, 하나님의 거대한 구원 계획 속에서 내가 성경을 읽고, 그런 나를 그분의 계획에 참여시키시는구나. 나를 부르시는구나.' 그래서 어떤 본문을 읽더라도, 현재 내 삶에 구체적으로 적용되는 바가 없다 할지라도, 하나님의 큰 그림 속에서 역사의 주인 되신 하나님의 일하심을 확인하며 어떤 든든한 느낌을 가지게 돼요. 그분이 내 안에 거하신다는 느낌, 그리고 내가 그분이 만들어 가시는 역사 안에 존재한다는 느낌 말입니다. 한마디로, 제 삶이 하나님의 주권과 역사라는 맥락 안에 위치한다는 사실을 인식하며 살아가는 것이 묵상의 제일 큰 유익이 아닌가 싶습니다.

지금까지 오랜 기간 성경을 묵상하면서 개인적으로 여러 경험을 많이 하셨을 텐데요. 몇 가지만 말씀해 주시겠습니까?

제가 이전에는 큐티집에 간단하게 메모를 하거나 줄을 치는 방식으로 묵상을 하다가, 2017년부터는 매일 한 페이지 정도로 내용을 정리해서 묵상 내용을 공유하기 시작했습니다. 그때가 기독교윤리실천운동(이하 기윤실) 대표를 맡은 시점이었어요. 기윤실에서 하는 일이 한국 교회 전체를 보고 사역의 씨를 뿌려 나가는 일인데, 저로서는 도저히 감을 잡을 수 없는 막막한 과제였어요. 이처럼 작은 한 사람이 한국 사회 전체를 바라보면서 한국 교회가 어디로, 어떻게 나아가야 하는지 고민해야 하는 상황이었습니다.

저로서는 굉장히 바쁠 때였지요. 학교에서 아이들 가르치면서 기윤실 대표를 하기도 만만치 않은 일인데, 거기다 묵상을 정리하는 일도 하나 추가된 셈이잖아요. 그런데 제가 물리적으로 바쁘긴 했지만 영적으로는 굉장히 유익했어요. 성경이 거대한 스토리라고 방금 말씀드렸는데, 하나님이 역사 가운데서 구체적으로 일하신다는 사실을 제가 묵상하면서 알게 되었습니다. 그러면 그 하나님이 오늘 한국 교회 가운데서는 어떻게 일하고 계시는지 생각해 봤어요. 특히 이스라엘의 부패한 역사를 보면서 그 불순종의 모습이 한국 교회의 맥락과도 비슷하다는 생각이 들었습니다. 그런데 그 와중에도 하나님은 이스라엘을 놓지 않고 계속 일을 하시는 겁니다. 그런 모습들이 기윤실 대표로 사역할 때 큰 도움이 되었죠. 하나님은 보이지 않게 일하고 계신다는 그런 믿음이 저에게 큰 힘이 되었어요.

더 존재감 없이 살라는 부르심

지금 기윤실 대표를 맡고 계시고, 이전에는 좋은교사운동 대표도 역임하셨는데요. 이렇게 시민단체 일을 하시게 된 어떤 계기가 있었는지요?

모두 어떤 결심을 하고 시작한 것은 아니었어요. 특히 좋은교사운동 같은 경우는, 제가 부름 받은 교사의 삶이 너무 힘든데 혼자 힘으로는 도저히 문제를 풀 수 없어 고통스러워 하고 있을 때 기윤실에서 연락이 왔어요. 기윤실에서 손봉호 교수님이 교사들을 불러 모아서 교사 모임을 만든다는 내용이었지요. 그때 그 모임에서 송인수 선생님을 비롯해 이후 좋은교사운동의 주축이 되는 멤버들을 만나게 되었습니다. 그리고 서로 교제하고 교사로서 삶의 애환이나 힘든 것들을 나누고 함께 기도했죠. 모임을 같이 하면서 '하나님은 현장에 있는 사람을 부르셔서 현장을 바꾸는 일을 하시는구나' 느꼈어요.

처음 손봉호 교수님 강의를 들으러 기윤실에 갔을 때, 저는 제 고민을 말하면 손봉호 교수님이 답을 다 주실 줄 알았어요. 정말 훌륭하신 분이고, 대학 시절부터 존경했던 분이니까요. 그런데 질문에 답을 못 하시고, '그 문제는 자네들끼리 해결하면 좋겠다'고 말씀하시더라고요. 순간 실망했습니다. 그렇지만 지나고 보니 손봉호 교수님이라고 해서 다 아실 수는 없다는 생각이 들었어요. 그분이 교수 사회나 자신의 전공 분야는 잘 아시지만, 교사들이 느끼는 애환과 학교에서 아이들을 만나고 교육하는 현장은 경험해 보지 않았기 때문에 모를 수밖에 없는 겁니다.

너무나 명료한 사실이었어요. 저 역시 다른 전문분야의 사정을 잘 알 수 없고, 그 분야에 몸담은 사람이 아니면 알 수 없는 것이 분명히 있기 때문이죠. 저는 교사 모임을 하면서, 하나님은 그 직능에

있는 사람들을 부르셔서 그 사람들이 각자의 현장을 변화시키는 일을 하게 하신다고 느꼈어요. 그래서 좋은교사운동 일을 하면서 자연스럽게 일이 커진 거죠. 우리끼리 작게 모임을 시작했는데 감당할 수 없게 커지기 시작했어요.

그런 식으로 일이 시작되었군요. 그런데 현직 교사로서 기윤실 교사 모임과 좋은교사운동에 적극 참여하여 활동하시면서 힘에 부치지는 않았는지요?

기윤실과 관련해서 말씀드리면, 제가 대학교 4학년 때 기윤실이 생겼어요. 그때 손봉호 교수님이 기윤실을 시작하는 역사의 현장을 제가 보고 있었던 겁니다. 그때는 절박한 부르심이 있는 시대였어요. 전두환 군부정권 때 학생들이 분신하고 죽어가는 상황에서 한국 개신교 복음주의권은 답이 없었어요. 이쪽의 대답은 전도를 열심히 하는 것이었습니다. 전도 열심히 해서 모든 사람을 전도하면 사람이 변화되고 그럼으로써 하나님 나라가 비로소 이룩된다는 관점과 방식은 한국 사회 현실에 영향을 미칠 수 없었어요. 학생들이 죽음으로 저항하던 한국 사회의 불의와 부정의 문제는 주로 자유주의 신학에서 다루었지요. 하지만 그쪽 신학은 우리 복음주의 입장에서 동의할 수 없는 부분이 있었습니다. 그래서 '개인 전도와 한 사람의 거듭남은 여전히 중요하지만, 현재 많은 사람이 죽어가고 고통을 당하는 불의의 문제에 하나님이 침묵하시는가? 하나님의 역사가 있고 하나님이 일하신다면 우리가 무엇인가를 해야 하지 않겠나?'라는 질문에 대한 답으로 기윤실이 시작된 것입니다.

기윤실의 탄생은 당시 시대적 문제로 고민하던 저 같은 복음주의 청년들에게 단비와 같았어요. 그래서 저도 초기부터 기윤실 활동에 적극적으로 참여했고, 제 직업 영역인 교사 분과를 맡아 열심히 활동했어요. 이 모임이 좋은교사운동의 모태가 되었고요. 이후 제가 좋은교사운동 대표를 사임한 직후에 기윤실 공동대표를 맡아 달라는 제안을 받았어요. 상황을 살펴보니 기윤실을 처음 시작하신 손봉호 장로님이 80대가 되었고, 제 나이가 50대가 되어 이제 기윤실의 책임자로서 바통을 이어받아야 하는 상황이었던 것입니다.

사실 능력이나 여러 면에서 볼 때 거절하는 것이 옳았겠지요. 제가 그 일을 할 수 있는 사람이 아니고 한국 교회를 다 포괄할 수 있는 사람도 아니지만, 그럼에도 저는 하나님의 부르심이라고 느꼈습니다. '이전 세대부터 흘러 온 하나님의 큰 흐름이 있는데 다음 세대인 내가 그 다리 역할을 해야 한다. 하나님의 역사를 잇는 부분에 일정 기간 기여해야겠다.' 그런 생각으로 대표를 맡았습니다. 그리고 좋은교사운동에서 실무를 담당한 경험이 기윤실로 잘 연결된 것 같습니다.

익히 알고 있는 '큰 바위 얼굴' 이야기를 보면, 주인공이 큰 바위 얼굴을 닮은 누군가가 올 것을 기다리고 있었는데 결국 자신이 큰 바위 얼굴이고 이미 그 역할을 하며 살고 있지 않습니까? 더 훌륭한 사람이 와서 해 주기를 기다릴 수도 있지만, 자신이 할 수 있는 부분은 스스로 감당하면서 큰 바위 얼굴을 만들어 가야 한다고 생각해요. 이 이야기와 감히 비교할 수는 없지만 저도 제 자신의 부족함에도 불구하고 할 수 있는 일을 잘 감당하고 싶은데, 중간에 병으로 아프기도 해서 마음이 참 힘듭니다.

하나님의 부르심에 순종하며 지금까지 치열하게 살아오셨는데, 마지막으로 앞으로의 계획에 대해 말씀 부탁드립니다.

사실, 하고 싶은 것은 많지만 질병이 찾아오면서 미래를 계획할 수 없게 되었어요. 2019년 1월 건강검진에서 제 몸에 암이 발견되어 수술을 한 후 3년째 항암을 해 왔어요. 암 발병 당시는 막내가 대학에 가면서 가정에서 많이 자유로워지고 교직 생활도 10년이 채 안 남은 상태라 기윤실 일을 의욕적으로 해 보려고 할 때였죠. 남은 10년 정도 마음껏 봉사해야겠다는 마음을 먹고 2018년을 보내고 있었어요. 그런데 몸이 아프면서 하나님이 왜 이렇게 하실까 의문을 가졌어요.

어떤 상을 바라는 것도 아니고 무슨 자리를 달라고 한 적도 없어요. 하나님 앞에서 나름대로 충성되게 달려왔고, 주어진 일에 충성하며 조금 더 제대로 봉사해 보고 싶었는데, 하나님이 아니라고 말씀하시는 것 같았습니다. 문이 닫히는 경험을 하면서 다소 혼란에 빠졌고, 앞으로 어떻게 살아야 하는지 많이 물었죠. 그래서 2019년 한 해 동안 휴식기를 갖고 2020년에 조금씩 복귀를 했습니다.

다행히 코로나 상황에 온라인 모임으로 전환되면서, 저를 돌보는 가운데 역할을 감당할 수 있었어요. 하지만 2022년 들어 다시 몸에 안 좋은 신호들이 오면서 '아, 이제 다시는 예전으로 돌아갈 수는 없겠구나. 앞으로도 계속 더 조심하라는 뜻이구나' 하는 생각을 하게 되었어요. 그래서 이제 더 이상 새로운 일을 계획할 수는 없고, 현재 하고 있는 일들도 역할을 더 줄여야 하는 상황이 된 거죠. 때마침 2022년부터 서울시교육청이 강화도의 꿈틀리 인생학교와 업무협약(MOU)을 맺고 서울시교육청 소속 고등학교 1학년 가운데 기숙형 생태전환 교육과정을 이수하기 원하는 학생들을 위탁교육 하게 되었어요. 그러니까 오디세이학교의 기숙형 교육과정이 꿈틀리 인생학교 안에 개설된 것이죠. 이 과정에서 제가 이 일을 맡아 강화도에서 근무하게 되었습니다. 그렇지 않아도 건강 문제로 그동안 해 온 사역을 줄여야 하는 판에 이제 거리마저 멀어져서 감당하기가 더 어려운 상황이 된 거죠. 그래서 '하나님, 이제 저는 건강과 거리상의 한계로 인해 맡은 일도 제대로 하기 힘든 상황입니다. 하지만 하나님, 이로 인해 다른 사역자들이 더 많이 세워져 사역이 더 활성화되게 해 주세요' 하고 기도할 따름입니다.

이렇듯 미래에 대해 어떤 계획을 세울 수 있는 형편은 아니지만, 제 남은 인생을 향한 하나님의 뜻은 분명해 보입니다. '하나님은 나에게 더 작고 더 낮은 곳으로 가라고 하시는구나. 더 시골로, 더 변두리로 가서, 더 적은 사람을 만나고, 더 존재감 없이 살라고 하시는구나' 하는 것이죠. 물론 하나님은 전부터 이미 제게 이런 메시지를 보내셨는데 제가 듣지 못했거나 아니면 듣고도 무시했을지도 모르겠습니다. 그러나 이제는 건강 문제를 비롯하여 여러 가지 여건으로 인해, 앞으로 더 존재감 없이 살아가라 하시는 말씀에 순종하지 않을 수 없는 상황이 된 거죠.

물론 지금도 제 머릿속에는 하고 싶은 일들이 잔뜩 쌓여 있습니다. 뉴스를 봐도 해야 할 일이 떠오르고, 한국 교회를 생각할 때도 섬김에 대한 여러 부담이 생겨납니다. 교직 생활 40년을 정리하면서 후배들에게 남기고 싶은 책도 쓰고 싶고, 성경 공부와 관련된 아이디어나 경험도 정리하고 싶은 마음이 계속 올라오기도 해요. 그런데 정작 하나님은 그런 저에게 '그 모든 일을 네가 다 하지 않아도 된다. 이제는 후배들이 잘 하도록 돕는 역할에 머물면서 너는 변두리에서 작은 마당을 쓰는 일을 하면 좋겠다' 하고 말씀하시는 것 같아요. 이 모든 일에서 하나님의 뜻을 구하고 그에 따라 살아가야겠지요.

환대의
해석학과
포용의
실천으로

정한욱

성경의 광맥에서
즐겁게 놀이하는
안과전문의

의대 및 의과대학원을 졸업하고 전라북도 고창에서 안과전문의로 일하고 있다. 2008년부터 의료봉사 NGO인 '비전케어'에 참여하여 운영이사로 활동 중이다. 연간 70-80권의 책을 읽는 독서광으로, '서음인의 집'이라는 개인 블로그에 책 읽은 기록을 남기고 있다. 대학교 때부터 성경에 관한 궁금증을 해결하기 위해 주석을 비롯한 다양한 신학자들의 책을 읽어 왔으며, 최근에는 김근주 교수의 사랑의 법과 레티 러셀의 환대의 해석학에 깊은 관심을 두고 성경을 읽고 있다. 서울의 한 교회에서 성가대원으로 섬기고 있다.

현재 비전케어라는 단체에서 봉사를 하고 계시는데, 단체 소개를 부탁드리 겠습니다.

비전케어는 국제 실명구호 단체입니다. 여러 일들을 하지만 주로 비전아이캠프라고 하는, 일주일간 일정을 잡고 도움이 필요한 나라에 가서 외래진료와 백내장이나 사시 수술을 통해 어둠 속에서 고통받는 사람들의 눈을 뜨게 해 주는 사역을 하고 있어요. 저는 5명의 실행이사 중 한 사람이고, 의사결정 과정에 참여하고 후원도 하면서 활동하고 있습니다.

2008년부터 이 단체에 합류해서 지금까지 11개 나라에서 열린 19차례의 캠프를 다녀왔어요. 거의 일 년에 한두 차례씩은 나간 셈이죠. 여러 경험들을 통해 이것이 제가 받은 선교의 소명임을 확신하게 되면서 지금까지 참여하고 봉사하고 있습니다.

선생님 개인 블로그 이름을 '서음인의 집'으로 지으셨더라고요. 어학사전을 찾아보니 '서음'에 '독서광'이라는 뜻이 있더군요.

그렇지요. 책에 미친 자, 그런 뜻이 되겠네요. 책 '서'(書)와 음란할 '음'(淫)을 써서, 책을 음란할 정도로 사랑한다는 뜻이지요. 옛날부터 책을 너무 좋아하는 사람을 그렇게 불렀어요. 저를 가장 잘 표현한단어인 것 같아 블로그 이름으로 골라 보았습니다.

다양한 분야의 책을 섭렵하시는 것 같은데, 소개를 해 주시면 좋겠습니다.

처음에는 주로 주석이나 세계관 관련 서적을 읽었지만, 점차 성서신학이나 조직신학, 교회사를 포함한 기독교 전 분야로 확장됐어요. 인문사회과학, 자연과학 같은 분야에 관심을 가지게 된 이유도 성경과 기독교를 좀 더 잘 이해하고 싶어서였습니다. 기독교 세계관을 공부해 보니까 결국 기독교 문명을 모르면 제대로 이해할 수 없는 분야더라고요. 그래서 기독교가 바탕이 된 서구 문명의 내용인 인문, 사회, 예술, 과학까지 관심이 두루 확장되었습니다. 그러다 '우리 것'에 대한 이해 없이 성숙한 그리스도인으로 살아갈 수 없다는 사실을 뼈저리게 느끼면서 한국 역사와 사회로 관심의 폭이 넓어졌고, 선교에 관심을 가지고 여러 나라에 봉사하러 다니게 되면서는 타종교와 비서구 지역으로까지 확장되었네요.

책에 관해 제가 좋아하는 격언 중 하나는 "망치로 머리를 내리치지 않는 책을 왜 읽는가?"입니다. 관련해서 제가 아주 좋아하는 철학자 김영민 선생님은 《김영민의 공부론》에서 흥미로운 얘기를 합니다. 공부하지 않는 사람들은, 다른 사람들은 모두 체계 속에 엉켜 있지만 자신만은 체계 밖에서 남다른 모습으로 서 있다고 생각한다는 것입니다. 그리고 그런 이들에게 타자는 언제나 자신의 기존 관념을 정당화하고 강화하기 위해 필요한 존재일 뿐이죠. 문제는 그런 태도로 하는 공부는 언제나 "자기 생각의 순환 속에서 굳어지는 공부의 지옥"으로 귀결된다는 것입니다.

참된 공부란 학같이 긴 다리로 물가를 노닐면서 물고기만 쪼아먹는 영리한 사람의 것이라기보다, 타자라는 물속에 너무 깊이 잠긴 나머지 가끔 몸에 지느러미가 돋고 아가미가 생기기도 하는 현명한 인간의 몫이라고 합니다. 또 익사의 공포를 뚫고 범람하는 타자의 강물 속으로 몸을 던지며 피안을 향해 나아가는 것이라는 표현도 쓰고 있어요. 결국 참된 독서, 참된 공부는 타자와의 대면을 통해 새로운 나로 거듭나는 것이며, 그 과정에서 자신의 존재에 생길 수 있는 심각한 변화를 받아들일 용기를 가진 이의 몫이라는 것입니다.

그렇게 보자면 성경을 읽고 공부하는 그리스도인이야말로 공부의 본질을 가장 잘 구현하는 사람들이라고 할 수 있죠. 모두 성경을 통해 하나님이라는 절대 타자와 대면하면서 총체적인 존재 변화를 경험한 이들이기 때문입니다. 그런데 문제는 대부분의 그리스도인들이 이런 최초의 경험 이후에는 아가미가 생기도록 성경 속에 더 깊이 몸을 담그기보다, 물 밖에서 몸을 사리며 필요한 고기만 쪼아 먹는 학의 삶을 더 선호한다는 데 있습니다. 변화에 대한 두려움을 떨치고 더 크고 넓은 성경의 대양으로 얼마든지 나아갈 수 있는데도 말이지요.

의사라는 직업을 가지고 있으면서 이렇게 꾸준하게 성경과 신앙의 문제에 천착하고 공부에 전념하기가 결코 쉽지 않으셨을 텐데, 어떻게 그런 삶이 가능했을까요?

사실, 성경 읽기와 독서는 저의 유일한 취미이자 놀이입니다. 옛날에 이것저것 시도해 봤는데 이것이 제일 재미있고 제가 가장 잘할 수 있는 일이더라고요. 저는 주로 저녁에 성경을 읽고 공부하는 시간을 갖습니다. 일과가 끝나면 집에 가서 좀 자다가 8시 반쯤 병원으로 다시 나옵니다. 저희 병원 1층은 투명 유리로 돼 있어서 바깥에서 다 보여요. 그래서 불을 켜 놓으면 일종의 공부 감옥이 되는 거죠. 바깥에서 다 보이기 때문에 아무래도 딴짓을 하기가 쉽지 않거든요. 그 감옥에 스스로 갇혀서 새벽 2시, 늦으면 3시까지 공부도 하고 책도 읽습니다.

그리고 제가 가진 직업 특성상 성경을 공부하는 일이 그리 어렵지 않습니다. 의학이라는 분야가 대부분의 사람들에게 성직에 가깝게 인식되고 있거든요. 그래서인지 직업과 신앙을 통합하는 일이 제게는 그렇게 큰 문제가 아니었습니다.

문제는 현실 속에서 의료라는 분야가 철저한 자본주의 체계 아래 있다는 사실이에요. 개원의는 돈을 벌지 못하면 망할 수밖에 없는 일종의 자영업자입니다. 그래서 돈의 유혹을 뿌리치고 어떻게 그리스도인으로서 정직하고 신실하게 환자를 진료할 것인가가 첫 번째 문제입니다. 예를 들어 안과계에는 수술이 필요 없는 환자에게 백내장 수술을 시행하는 '생내장' 수술이라는 말이 있을 정도예요. 그리고 직원들과의 관계에서도 그들을 동료 인간으로 대할 것인가 아니면 돈을 주고 부리는 직원으로 생각하는가 하는 문제가 있습니다. 구체적인 직업윤리에서는 그런 부분들이 가장 문제가 되죠. 그런 점들을 극복하기 위해서 의사와 간호사라는 위계질서가 아니라 같은 목적을 위해 함께하는 동료로 대하고자 하고, 급여나 근무 조건도 가능하면 최상으로 유지하기 위해 늘 노력하고 있습니다.

현재 직장이 있는 이곳과 서울을 오가면서 생활하고 계시잖아요. 가족들과는 어떻게 함께 신앙생활을 하시는지요?

일단 제 직장이 지방에 있어서 가정예배를 드릴 수 없는 상황이고요. 저는 반드시 가족이 같은 교회에서 함께 예배를 드려야 한다는 생각도 가지고 있지 않습니다. 현재 성가대 활동을 하고 있지만 아내와 성가대 소속도 다르고 드리는 예배도 다릅니다. 아이들은 청년

예배에 참여하고 있고요. 부모님도 제가 다니는 교회로 모시는 대신 가장 잘 적응할 만한 교회를 소개해 드렸습니다. 저는 신앙이란 개인의 결단이라는 생각이 강하기 때문에 가족이나 직원들에게나 자신들의 일에 충실할 것을 요구할 뿐 종교적인 부분에 대해서는 어떠한 요구나 간섭도 하지 않습니다. 딱 하나, 저는 수술할 때 반드시 기도하고 수술하거든요. 제가 기도하면 직원들은 교회를 안 다니는데도 '아멘'을 해 주더라고요. 매우 고맙게 생각하고 있죠. 직원들 중에는 기독교에 대해 좋지 않은 기억을 가진 분들도 계셨는데, 그래도 저를 보면서 기독교가 나쁘지만은 않은 것 같다고 평가해 주는 것 같아서 기쁘게 생각합니다.

그럼 자녀들도 따로 신앙 교육을 하거나 어떤 의무를 부과하기보다 개인적 결단을 존중하는 태도로 양육하셨습니까?

신앙은 무엇보다 개인의 결단이 중요하다고 봅니다. 제가 신앙을 가진 것도 스스로 제 발로 걸어간 결단의 사건이었거든요. 그러고 나서 주일마다 온종일 교회에서 살았지요(저희 부모님이 열린 분이었지만 고등학교 3학년이 교회에 가서 종일 앉아 있는데 좋아했겠어요? 그럼에도 그건 저 스스로 내린 결단이었어요). 그런 과정을 거치며 신앙을 가졌기 때문에, 아무리 자녀라도 신앙을 강제로 가르치거나 전수해야 한다는 생각은 제게는 조금 낯설어요.

그렇다고 아주 손을 놓고 있지는 않았습니다. 저 역시 신앙의 유산을 아이들에게 물려주고 싶은 마음이 간절했기 때문이죠. 일단 저희 부부는 사춘기 아이들에게 신앙보다 공부가 중요하다고 가르치거나 공부를 위해 잠시라도 교회를 소홀히 할 수 있다고 말했던 적은 없습니다. 그저 제가 한 일은 미성년 시절에 교회에 빠짐없이 보낸 일과 아이들과 종교적 대화를 꾸준히 나누었던 것입니다. 아이들이 '아빠, 이런 일이 있는데 이런 건 어떻게 해?' 하고 물으면 제가 아는 대로 대답해 주고 적절한 책도 소개해 주면서 신앙의 끈을 놓지 않도록 도왔습니다. 다행히도 저희 아이들이 지금까지 부모의 신앙을 거부하지는 않는 것 같아요. 큰딸은 지금 CCM을 전공하기 때문에 평생 교회와 관련된 사역을 할 가능성이 높고, 둘째는 학교에서 신앙생활을 열심히 하면서 저와 가끔 신앙적 이야기들을 나누고 있어요. 막내는 학교생활에 위기가 좀 있었는데 교회에서 잘 잡아 주셔서 지금까지 교회를 잘 다니고 있습니다.

자녀가 온전한 신앙을 갖고 세상 속에서 바른 삶을 추구하기를 바라는 마음이 모든 부모의 공통된 마음인 것 같습니다.

그렇죠. 그런 점에서 제가 볼 때 중요한 건 내용이 아니라 태도라고 생각해요. 내가 아이들에게 무슨 이야기를 해 주느냐보다 실제로 내가 어떤 아버지냐가 더 중요하다고 생각합니다. 성경공부를 인도해 보면 아주 흥미로운 경험을 하게 되는데요. 리더였던 제가 아무리 많이 공부해서 깊이 있게 가르쳐도 막상 멤버들은 그 내용을 거의 기억하지 못합니다. 목사님 설교도 아마 마찬가지일 거예요. 근데 성경 본문을 보면서 본인이 발견한 것은 절대 안 잊어버립니다. 몇 년 뒤에 만나도 그 성경공부가 너무 좋았다는 거예요. 가만히 보면 제가 이야기한 건 하나도 기억 못 하고 본인이 얘기한 건 다 기억하더라고요. 제가 한 일은 그냥 몇 가지 질문을 통해 멤버들 스스로가 가진 생각을 정리하고 말할 수 있는 기회를 준 것뿐인데, 제가 어느새 훌륭한 리더가 되어 있더라고요. 그래서 결국 중요한 것은 구체적인 가르침이 아니라 태도라고 저는 믿고 있습니다.

그렇군요. 지금까지 한 교회에 쭉 출석하면서 오랫동안 봉사를 해 오셨는데, 코로나로 중단된 기간 동안 어떠셨습니까?

2년 넘게 온라인 예배만 드리다가 최근에 현장 예배로 복귀했습니다. 직업상 아무래도 조심해야 했거든요. 가톨릭의 미사는 예전이 본질이기에 어떤 경우에도 온라인으로 대체가 불가능합니다. 그런데 제가 경험해 본 결과 개신교 예배의 핵심인 말씀 선포는 온라인으로 대체가 가능하더라고요. 목사님들 입장에서는 본인의 선포를 듣고 반응해 줄 회중들이 없어졌으니 기가 막힐 일이었을 겁니다. 그런데 사실은 코로나 이전부터 오프라인으로 드리는 예배에도 이미 온라인 예배의 특성이 많이 들어와 있었어요. 현재 거의 모든 개신교 예배는, 아무리 많은 사람이 모였더라도 서로간의 커뮤니케이션은 철저히 금기시한 채 성도 개개인이 설교자와 일대일로 마주할 것을 요구하는 극장식 구조를 가지고 있습니다. 집에서 모니터로 설교자와 일대일로 마주하는 것과 본질적인 차이가 없어요. 게다가 이미 웬만한 중형 이상 교회에서는 회중들이 모니터나 마이크 같은 온라인 미디어의 도움 없이 설교자의 얼굴 표정이나 목소리를 직접 접할 수가 없습니다. 그렇게 보자면 코로나 이전에도 성도들은 이미 상당 부분 온라인 예배에 익숙해져 있었다고 볼 수도 있어요. 그래서인지 저도 온라인 상황에서 드리는 예배가 별 문제 되지 않았습니다.

그런데 성도의 교제는 온라인으로 대체가 불가능하더라고요. 온라인 예배를 드리는 기간 동안 가장 그리웠던 시간은 예배와 성가대 연습 사이에 한 시간 남짓 가졌던 휴식 시간이었습니다. 이 시간에 동료 성가대원들과 함께 식사하면서 세상에서 걸치고 있던 모든 가면을 벗어던지고 편안하게 나눴던 일상적 대화들이 그렇게 생각이 나더라고요. 그래서 코로나 팬데믹을 겪고 있는 지금의 제게는, '하나님 백성의 공동체'라는 회중교회의 교회론이 특별히 마음에 와 닿습니다.

성경은 광맥이 묻힌 광산

선생님은 언제부터, 어떤 계기로 이렇게 열심히 성경을 읽게 되셨나요?

저는 고등학교 1학년 때 친구의 전도로 교회에 나오게 됐어요. 교회에 나온 순간부터 제 신앙은 성경과 뗄 수 없는 관계에 놓였는데, 초창기에 만난 스승의 역할이 대단히 컸습니다. 지금 몽골에 가계시는 오스데반 선교사인데, 당시 저희 고등부 교사이셨어요. 저희가 성경에 대해 어떤 내용을 물어보면 조금 생각을 하시다가 늘 이렇게 대답하셨죠. "마태복음 5장 봅시다." "로마서 2장 봅시다." 그래서 제가 막 신앙의 걸음마를 시작하던 때에, 기독교라는 것은 무엇보다 말씀의 종교이고 어떤 인간의 권위나 종교 전통보다도 하나님 말씀인 성경이 신앙과 삶의 궁극적·최종적 권위임을 실천으로 보여 주신 겁니다. 그게 각인이 되어 기독교는 성경을 읽고 공부하고 연구하는 실천이라는 생각을 하게 됐고, 지금까지 꾸준히 이어진 것 같습니다.

책장에 주석이 무척 많은데, 특별히 이렇게 주석을 즐겨 보시는 이유가 있습니까?

우선, 오스데반 선교사님이 가르치는 방식이 대단히 독특했어요. 이분은 성경을 공부하면서, 왜 그렇게 생각하는지, 왜 그런 질문을 하게 되었는지 항상 질문을 던지셨습니다. '나는 이렇게 생각한다'고 말하기보다는 제자들에게 질문을 던지셨고, 어떤 대답이 나와도 '일리가 있다'고 일단 격려하고 그 대답을 바탕으로 결론으로 이끌어 주셨어요. 그래서 '성경이라는 것은 하나의 해답만 있지 않고 스스로 공부하면서 다양한 해답을 찾아갈 수 있구나. 계속 공부해야겠다'는 생각이 그때부터 들었습니다.

그런데 그때는 쓸 만한 주석이 많지 않았어요. 물론 신학생이나 목회자들이 많이 소장하던 종합 주석 세트들이 있었지만 제가 살 돈이 없었죠(그런 책들이 문제가 많다는 사실은 나중에 알았습니다). 그래서 책 한 권 살 때마다 좋은 주석을 찾아서 돌아다녔거든요. 그러다가 한국신학연구소에서 나온 게르하르트 폰 라트의 《창세기 주석》을 보면서 큰 충격을 받았습니다. 이 책을 읽고, 성경이 단순히 우리가 읽고 유익을 얻는 경건서적일 뿐 아니라, 학문적으로 깊게 연구해 나갈수록 상상할 수 없는 새로운 세계가 열린다는 사실을 알게 됐어요.

그러고 나서 클라우스 베스터만의 창세기 주석을 접하게 됐는데요. 폰 라트의 주석이 하나님이 어떤 사람을 선택하고 어떤 사람을 배제하시는가 하는 구속의 역사, 선택과 배제의 역사를 중심으로 이야기를 이끌어 가는 반면, 베스터만은 하나님이 어떻게 모두를 포용하시는가에 초점을 맞추고 있었어요. 베스터만은 창조신학에 관심을 가진 분인데, 하나님이 자신의 창조 세계를 어떻게 포용하시고, 심지어 구원에서 배제됐다고 여기는 사람마저도 얼마나 큰 은혜를 가지고 감싸시는가 하는 관점에서 성경을 해석하더라고요. 이렇게 두 저자를 접하면서 다양한 시각으로 성경을 볼 때 얻을 수 있는 풍성함과 즐거움을 알게 되었습니다.

그런 과정들을 거쳐, 성경은 편안하게 걸으며 지표면에 널린 보석을 줍는 보물찾기 놀이터가 아니라 치열하게 심층으로 탐사할수록 더 많은 광맥을 보여 주는 광산과 같다고 생각하게 됐죠. 그래서 자연스럽게 주석을 찾아 읽고 성경에 그 내용을 일일이 적으면서 요약하고, 교재를 만들어서 다른 분들과 나누기도 많이 했던 것 같습니다.

대학 때부터 주석들을 하나씩 모아 오신 거군요.

하나씩 다 모았죠. 지금 가진 시리즈 주석들도 전부 낱권으로 사 모은 것입니다. 저는 진정 성경을 사랑한다면 편안하거나 익숙한 일부 본문에만 집중하기보다 성경의 모든 부분, 모든 구절을 공부하는 것이 옳다고 생각했어요. 그래서 성경을 공부할 때마다 좋은 개론서와 몇 권의 주석을 참고해 한 구절씩 공부하는 방법을 택해 왔습니다. 그런데 정보도 돈도 없던 상황에서 최소 비용으로 최대 효과를 거둬야 했기에, 주석을 고를 때 몇 권의 소개서에 의존했죠. 총신대에서 나온《신학인을 위한 필독서》에는 주석에 등급을 매겨서 소개해 주는 부분이 있었고, 성서유니온의《성경을 어떻게 읽을 것인가》에도 뒤에 좋은 주석을 소개한 부분이 있었어요. 그다음 New Testament Commentary Survey와 Old Testament Commentary Survey라는 영어책에도 좋은 주석에 별표가 되어 있습니다. 이렇게 몇 권의 소개서를 비교해 가면서 단권으로 사기 시작했죠. 그래서 제 시리즈 주석들은 이가 다 빠져 있습니다.

묵상 시에 주석을 참조하는 것과 관련해 다양한 입장이 있는 것 같습니다.

보통 묵상이라고 하는 과정은 성경을 씹어서 먹는 거잖아요. 묵상이라는 방식은 어떻게 보면 성경을 이해하기 위한 참고자료가 빈약했을 때 사용할 수 있는 최상의, 어쩌면 거의 유일한 방식이었어요. 그런데 심지어 그런 시대에 성경을 공부했던 사람들도 결코 진공

상태에서 하지는 않았습니다. 교회사를 빛낸 위대한 신학자들 역시 결코 성경 하나만 보는 '한 책의 사람'이 아니었어요. 반드시 자신이 속한 공동체의 해석 전통이든 최신 학문이든 무엇인가의 도움을 받았습니다. 오늘날 성서학이나 성경 이해에 도움을 줄 인접 학문들은 놀랍게 발전했습니다. 예전보다 훨씬 커다란 거인의 어깨에 올라설 수 있는 상황에 이른 거예요. 오늘의 우리에게도 묵상은 여전히 유용한 성경 읽기 방식이지만, 저는 다양한 자료나 학문적 도구들을 참고하는 것이 훨씬 좋은 방식이라고 생각합니다.

이렇듯 깊이 있게 성경을 공부해 오면서 정립하신 성경관이 있으실 텐데, 나눠 주시면 좋을 것 같습니다.

보수적인 그리스도인들은, 성경이 어느 날 갑자기 성령께서 인간 저자의 마음과 손을 감동하게 해서 쓰인 시공간을 초월한 하나님 말씀이라고 생각하는 경향이 있습니다. 그런데 제가 성경공부를 해오면서 내린 첫 번째 결론은, 성경이 매우 오랜 시간 동안 쌓여 온 계시라는 것입니다. 우리는 현재 한 권으로 편집된 성경을 공시적 관점에서 읽지만, 성경은 적어도 몇 백 년, 길면 천 년 이상의 세월을 거쳐 집적되어 온 역사적이고 통시적인 문서예요. 그러니까 하나님은 이렇게 시공간의 제약 속에서 형성된 역사적 문서에 당신의 계시를 담아 놓으셨다는 것, 이것이 제 첫 번째 결론입니다.

그러다 보니 성경은 굉장히 다양하고 풍성한 내용을 담고 있는 반면, 오늘날 우리 입장에서 볼 때는 이해하기 어렵거나 모순되는 부분들도 많이 존재합니다. 이것이 제가 내린 두 번째 결론이에요. 이것은 우리가 가진 모든 성경은 일점일획도 오류가 없는 하나님의 계시이기 때문에 의심 없이 그대로 받아들이고 실천해야 한다는 '근본주의적' 성경 읽기가 사실상 불가능하다는 의미입니다. 저는 이런 성경관이 일부 근본주의적 복음주의자들의 실현 불가능한 이상을 담은 수사학에 가깝다고 생각합니다. 만약 제가 성경에서 몇 구절을 뽑아 그리스도인들에게 보여 주면서 꾸란의 내용이라고 말한다면, 대다수는 그 폭력성과 야만성에 몸서리치며 분노할 거예요. 그래서 칼 바르트 같은 신학자는 성경의 문자를 그렇게 중시하는 태도를 "성경을 종이 교황으로 숭배하는 일"이라고 말했지요.

그렇게 근본주의적으로 성경을 읽어야 한다고 주장하시는 분들의 성경 해석을 잘 살펴보면, 실제로는 자신이 가진 신학적·문화적 전제와 맞는 본문들만 선정해서 설교하고 가르치는 경우가 대부분입니다. 바로 이것이 저의 세 번째 결론입니다. 그 부분을 잘 설명한 것이 박혜란 목사님의《목사의 딸》이라는 책입니다. 저자는 한국 보수 기독교의 존경받는 스승인 박윤선 목사의 기독교를 남존여비와 충효 사상이라는 유교의 가르침에 복음 메시지를 혼합한 '유교적 칼빈주의'라고 규정하면서, 이것이 한국 보수 기독교의 민낯이라고 지적합니다. 저는 이 책을 읽으며 한국 보수 그리스도인들이 그렇게 강조하는 '성경주의'가 수천 년 전 고대 근동이라는 사회 문화적 맥락에 주어진 성경에서 자신들의 독특한 하부 문화에 잘 맞는 부분만을 골라내는 일종의 선택적 문자주의에 가깝다는 사실을 깨닫게 되었습니다. 물론 고대 근동 문화라는 목욕물을 버리다 보면 복음이라는 아기까지 버릴 위험이 분명 있습니다. 그러나 그 아기를 수호하기 위해 수천 년 묵은 더러운 목욕물까지 복음의 본질이라고 강변하는 데는 문제가 있어요.

이를 통해 도달한 네 번째 결론은, 복음은 진리지만 그 복음이 구현된 역사적 기독교의 특수한 형태들―교파, 교단, 교리, 신조, 예배 형태, 성경 번역이나 해석 방식 등―까지 시공을 초월한 진리로 여겨서는 안 된다는 것입니다. 물론 누구도 교파나 교리적 전통의 안내 없이 광대하고 심오한 성경의 세계를 제대로 탐구할 수 없겠지요. 그리고 자신이 속한 신앙 전통에 자부심을 가지는 건 결코 나쁜 일이 아닙니다. 그러나 자신의 방식만이 성경을 읽고 이해하는 유일한 방식이라고 주장하는 것은 전혀 다른 문제입니다. 기독교 역사가 야로슬라브 펠리칸은《성서 역사를 만나다》에서, "성서의 '소유권'을 논하거나 '성서는 누구의 것인가'라고 묻는 것은 그 자체로 주제넘은 일이자 신성모독 행위이며, 오늘날 유대교와 그리스도교의 전 교파 및 비신앙의 눈으로 성경에 접근하는 모든 인류는 성서의 일시적인 소유자이자 종신 세입자"라고 말하고 있어요.

그래서 내린 다섯 번째 결론은, 성경을 읽고 해석하는 일을 유일한 진리를 찾는 진지한 사명으로 생각하지 말고 차라리 즐거운 놀이로 생각하자는 것입니다. 《두 글자로 신학하기》라는 책에서 구미정 교수님은 "신학이란 살아 계신 하나님이 추고 계신 우주적인 춤의 리듬을 타고 유연한 곡선의 스텝을 밟는 것이자, 함께 놀자고 자꾸만 유혹하는 하나님의 부르심에 어린아이처럼 달려가 신나게 뛰어노는 것"이라고 말합니다. 저는 아무리 훌륭한 신학자의 위대한 업적도, '하나님 앞에서라면' 그분을 즐거워하면서 뛰어노는 흥겨운 놀이가 아니겠는가 생각합니다.

환대의 해석학

성경 읽기와 해석을 '놀이'라고 보는 접근은 다소 생경하게 다가오는군요.

그렇지요. 저는 성경을 공부하는 일이 다른 모든 통찰과 대답을 폭력적으로 배제하는 하나의 최종적 진리에 도달하려는 분투가 아니라고 생각합니다. 그보다는 서로 다른 사람들의 다양한 통찰을 진실하게 반영하는 '일리 있는' 견해들이 그렇게 많음을 기뻐하면서 살아 있는 '이해의 운동'을 지속해 나가는 과정이라고 봅니다. 여기서 굳이 많은 분들이 불편해 할 '놀이'라는 용어를 쓰는 것은, 성경 해석이 놀이이기를 그치고 도그마 속에 굳어 버리면 누구를 살리는 데 사용되기보다 누군가를 정죄하고 죽음에까지 이르게 하는 도구로 전락하기 쉽기 때문입니다. 저는 꼭 선택해야 한다면 '죽이는' 진리보다 '살리는' 놀이 쪽을 단호히 택하겠습니다.

그런데 문제는 성경을 하나님 말씀을 담은 경전으로 여기면서 일관성 있는 메시지를 발견하기 위해서는 성경 읽기에서 교리를 제거할 수 없다는 점입니다. 이 교리(즉, 성경 해석의 특정한 방식)는 반드시 성경 해석에서 가장 중요한 원리가 무엇이며 어떤 본문을 중시하고 어떤 본문을 가볍게 여길지 판단할 기준을 요구합니다. 그래서 여섯 번째 결론은 바로 이 기준에 대한 것인데, 저는 김근주 교수님이 말한 '사랑의 법'과 여성신학자 레티 러셀이 강조하는 '환대의 해석학'이라는 두 원칙을 제시하고 싶습니다.

김근주 교수님은 《나를 넘어서는 성경 읽기》에서, 시대와 역사를 초월해 신구약 성경을 관통하는 가장 본질적인 주장이자 해석 원리는 '사랑의 법'이고 성경의 모든 본문, 특히 차별이나 폭력을 조장하는 본문들은 이 원리에 근거해 해석되어야 한다고 말합니다. 특별한 설명이 필요 없는 명쾌한 주장이지요. 또한 레티 러셀은 《공정한 환대》에서 "환대란 세상을 치유하고 정의를 실현하기 위해 차이를 넘어 낯선 자들과 연대함으로써 하나님의 환영을 실천하는 일이며, 이야말로 성경 메시지의 근본이자 기독교 영성의 핵심"이라고 말합니다. 그리고 성경을 읽어 온 기존의 방법인 본문으로 괴롭히기(textual harassment)를 통해 타자를 배제하고 억압하는 '차이의 해석학' 대신, 성경의 또 다른 중요한 전통인 하나님의 환대 속에서 사람들을 환영하고 차이를 긍정하는 '환대의 해석학'으로 성경을 읽자고 호소합니다.

이 원칙들은 성경의 문자를 절대시하기보다 그 정신을 중요시하면서 끊임없이 성경을 창조적으로 재해석해야 한다는 일곱 번째 결론으로 저를 이끌었습니다. 사실 성경을 조금만 깊이 공부해 보면 계시의 말씀이 성경 내에서도 시간과 상황의 변화에 따라 계속 창조적으로 재해석되고 있다는 사실을 발견할 수 있습니다. 이렇게 끊임없는 재해석이 일어난다는 사실이야말로 살아 움직이는 성령의 역사에 대한 증거라 할 수 있지요. 로완 윌리엄스나 김근주 같은 신학자들은, 오늘날의 관점에서 이해하거나 용납하기 힘든 본문을 만날 때 무조건 문자 그대로 순종하려 하거나 우리의 선입견에 본문을 끼워 맞추는 태도를 비판합니다. 그리고 삶의 복잡성과 성경 해석의 다양성을 인정하는 겸손한 마음으로 본문을 깊이 숙고해서 문자 뒤에 존재하는 본질적 정신을 찾고 성서 시대 사람들보다 더 나은 순종의 길을 추구해야 한다고 강조합니다.

그리하여 저의 마지막 결론은 성서 해석의 궁극적 과제가 영구 불변한 정통 교리(orthodoxy)를 찾는 것이라기보다, 지금 여기서 가장 올바른 실천(정통 실천, orthopraxis)이 무엇인지 발견하는 일이라는 것입니다. 이와 관련해 제가 현재 관심을 두고 있는 실천의 주제는 '환대'입니다. 그래서 레티 러셀을 포함해 환대라는 주제에 천착

하는 기독교 및 비기독교 저자들을 많이 접했습니다. 칸트나 자크 데리다, 에마뉘엘 레비나스, 김현경, 강남순 같은 분들이지요. 이 스승들은 이방인이나 소수자 또는 비인간 생명체까지를 포함한 모든 타자에게 어떤 조건도 없이 누구도 빼앗을 수 없는 자리를 마련해 주는 절대적 환대야말로, 평등한 인격을 기초로 형성되는 현대사회의 가장 기본적인 토대라는 사실을 가르쳐 주었습니다. 그 '절대적 환대'가 21세기의 다원적 세상을 살아가는 그리스도의 제자들이 행해야 할 가장 중요한 실천 중 하나라는 사실도 알려 주었지요.

'성경의 문자를 절대시하기보다, 문자 뒤의 본질적 정신을 찾고 더 나은 순종의 길을 찾아야 한다'. 너무나 중요한 지적입니다. 특별히 환대의 실천에 관심이 크신데, 구체적인 설명 부탁드립니다.

자크 데리다의 《환대란 무엇인가》를 살펴보는 것이 좋겠네요. 성경을 보면, 고아와 가난한 자와 과부를 생각하라는 환대의 법이 나옵니다. 그런데 성 소수자 같은 사람들은 환대의 대상에서 제외하고 있어요. 이와 관련해 데리다는 환대의 궁극적 의미는 미지의 절대 타자에게까지 "당신이 누구든, 여자든 남자든 이름이 무엇이든 어떤 종류의 인간이든, 심지어 동물이든, 오라"고 말하는 '무조건적이고 절대적인 환대'에 있다고 말합니다. 그리고 한 시대에 아무리 훌륭했던 법이라 할지라도 언제나 절대적 환대에 도달할 수는 없다고 말합니다. 왜냐하면 어떤 환대의 법을 다른 사회나 시대에 문자적으로 적용하는 순간 오히려 누군가를 억압하는 법으로 둔갑할 수 있기 때문입니다.

따라서 데리다는 상황과 환경이 바뀌면 '절대적 환대'의 정신에 따라 구체적인 '환대의 법들'은 계속해서 바뀌어야 한다고 말합니다. 저는 데리다가 설명하는 절대적 환대야말로 성경에 나오는 하나님의 환대의 정신을 가장 명확하게 보여 준다고 생각합니다. 사실 삼위 하나님 중 한 분이신 예수님이 죄로 오염된 피조물인 인간을 구원하기 위해 인간이 되신 것 자체가 창조주와 피조물, 거룩과 오염의 경계를 뛰어넘은 절대적 환대를 보여 주는 사건이지요. 저는 그리스도가 친히 보여 주신 이 절대적 환대 정신에 근거해 환대와 거절, 혐오와 배제에 관한 본문을 창조적으로 재해석하는 것이야말로 오늘날 그리스도의 제자들에게 주어진 중요한 실천 과제라 판단하고 있습니다.

저는 이런 생각이 '인권'이라는 단어에 알레르기 반응을 보이고 차별금지법 이슈에 민감한 대다수의 보수적 그리스도인들에게 불편할 수 있음을 잘 알고 있습니다. 그런데 저는 그분들에게 입장을 바꿔 생각해 보라고 말씀드리고 싶어요. 한국 그리스도인들의 가장 큰 착각은 자신들을 이 나라의 주류로 여기는 것입니다. 그러나 기독교가 문화적 뿌리인 서구와 달리 한국에서 기독교는 사람들의 종교적 집단 무의식에 자리 잡지 못했고, 현재 전 인구의 20퍼센트에도 미치지 못하는 그리스도인들은 다수의 비그리스도인들에게 그냥 낯선 종교를 믿는 소수자에 불과합니다. 그럼에도 그리스도인들이 자유롭게 자기 생각을 표현할 수 있는 이유가 있는데요. 아이러니하게도 우리가 살고 있는 대한민국이 절대적 환대 원리에 근거해 모든 사람의 인권을 보장하는 세속국가이기 때문입니다. 갈수록 기독교에 대한 적대감이 증가하고 교인 수가 감소하는 상황에서 앞으로 더욱 소수자로 전락할 그리스도인들을 지켜 줄 보루는, 그들이 그렇게 싫어하는 '인권'이나 '차별금지법'이 될 것입니다. 무작정 반대하기 전에 한 번쯤 깊이 생각해 보라고 말씀드리고 싶습니다.

선생님이 특별히 좋아하는 성경이나 성경 구절이 있는지요?

제가 제일 좋아하는 성경은 룻기입니다. 성경에서 환대의 해석학을 가장 잘 보여 주는 전형적인 텍스트이거든요. 룻기의 시대적 배경은 사사기인데, 법과 질서가 무너지고 불법과 폭력이 난무하던 어두운 시대였죠. 특히 필리스 트리블이 '공포의 본문'이라 명명했던 마지막 장들에서도 알 수 있듯 여성들에게는 공포 그 자체였던 시대였습니다. 그런데 룻기를 보면 그 험악한 사회에서도 베들레헴이라는 촌락에서 남편과 아들을 잃은 한 과부와 이방인 며느리가 보아스 같은 신실한 가부장 남성들의 도움으로 축복 속에 공동체 일원으로 받아들여지는 놀라운 일이 일어납니다. 그리고 그 이방인에게서 난 아들은 이스라엘 민족 최고의 영웅이자 예수 그리스도의 모형인 다윗 왕의 선조가 되기까지 하죠. 저는 이렇게 환대의 정신과 그 놀라운 결과에 대한 이야기를 담은 룻기야말로 하나님 나라의 모델을 담고 있는 소우주라고 생각합니다.

그리고 유사한 통찰을 주는 또 다른 텍스트인 요한계시록을 들고 싶어요. 요한계시록은 마지막 날에 일어날 최종적 구원과 배제를 중요한 내용으로 담고 있는 책으로, 19장을 보면 마지막 날 예수님이 악의 세력과 최후 전투를 치르는 장면이 나옵니다. 그런데 놀랍게도 예수님이 악을 제거하기 위해 사용하는 무기는 칼이 아니라 자신이 흘린 피와 그분 입에서 나온 '말씀'입니다. 또한 계시록에서 이 전쟁에 참여하는 성도들이 악과 싸우는 무기는 '증거'와 '고난'과 '순교'입니다. 그들의 손에는 폭력이나 전쟁 등 어떤 강제력도 들려 있지 않아요. 저는 마지막 날에 삼위 하나님의 주도로 선과 악, 포용과 배제를 가르는 마지막 심판이 있을 것이라 믿습니다. 그러나 지금 이 세상에서 살아가는 그리스도인들은 누군가를 혐오하고 정죄할 권한을 가진 심판자로 세워진 것이 아니라, 증언과 고난을 통해 하나님의 사랑과 환대를 전하는 증인으로 부름 받았다고 믿습니다.

끊임없는 경계 넘기

말씀하신 성경 본문 모두 '환대'라는 키워드로 연결되는군요.

그렇습니다. 그리고 저는 두 개의 1장 8절을 좋아하는데요. 여호수아 1장 8절("이 율법책을 네 입에서 떠나지 말게 하며 주야로 그것을 묵상하여 그 안에 기록된 대로 다 지켜 행하라. 그리하면 네 길이 평탄하게 될 것이며 네가 형통하리라")과 사도행전 1장 8절("오직 성령이 너희에게 임하시면 너희가 권능을 받고 예루살렘과 온 유대와 사마리아와 땅 끝까지 이르러 내 증인이 되리라")입니다. 이 구절들을 좋아하는 이유는 제 신앙의 여정을 잘 설명해 주기 때문입니다.

첫 번째 여정은, 남과 다른 내 것이 무엇인가를 찾아가는 시기였어요. 이때는 성경을 바탕 삼아 삶의 모든 영역을 그리스도의 주되심에 복속시킨다는 개념을 가지고 신앙생활을 할 때였어요. 그런 개념을 가지고 공부하게 되면 자연히 수많은 '관'에 도달하게 됩니다. 그래서 기독교 세계관·역사관·문화관에서 결혼관에 이르는 '관'들을 세우는 것을 목표로 공부를 했죠. 그런데 그렇게 열심히 공부하다 기독교 세계관이라는 것에 회의를 느끼는 시기가 왔어요. 사실 1980년대에 접했던 기독교 세계관의 기초는 아브라함 카이퍼 같은 분들이 제시했던 창조-타락-구속의 인식 틀이었습니다. 그런데 어느 순간 그것이 서구의 고민을 담은 틀이라는 사실을 깨닫게 되었어요. 카이퍼 때는 기독교 세계(Christendom)였던 서구가 세속화되던 시기였거든요. 그때 위기를 느낀 분들이 창조-타락-구속이라는 틀로 위기 극복의 방식을 설명했다고 저는 이해했어요. 즉, '처음에 기독교 세계였다가 타락해서 위기가 왔는데 그것을 다시 기독교 세계관을 통해 회복하자'는 틀 말이지요. 결국 창조-타락-구속은 단순한 신학적 사고 틀이 아니라 세속화의 파고 앞에 위태롭게 서 있던 19세기 서구 그리스도인들의 고민을 담은 역사적 틀이더라는 것입니다.

서구인들은 종교로서의 기독교를 믿지 않는다 해도, 문명과 문화의 토대 자체가 기독교인데다 최소 천 년이 넘는 기독교 세계의 장구한 역사가 있기 때문에 기독교 세계관 사고 틀이 나름의 타당성을 가질 수 있어요. 그런데 한국처럼 한 번도 기독교 세계였던 적이 없는 비서구 국가의 그리스도인들이 이를 그대로 받아들이다 보면, 그 사회의 비그리스도인에게는 삶의 모든 영역에서 그리스도의 주되심을 구현하자는 구호가 지극히 서구 중심적이고 폭력적으로 비칠 수밖에 없습니다. 그래서 그때부터 '이건 아닌데' 하는 생각이 들었죠.

어떻게 이 고민을 해결하셨나요?

제 신앙의 두 번째 여정에 접어들어 만나게 된 학자들의 도움이 컸습니다. 두 번째 여정은 비그리스도인들과의 관계에 집중하는 시기였어요. 내가 누구인가를 넘어 타인과의 관계가 어떠해야 하는가에 관심을 가지게 된 것이죠. 신앙 초창기에 이 부분에서 도움을 준 것은 로잔 언약이었습니다. 교회가 정교분리라는 명목으로 이 땅에서 벌어지는 온갖 억압과 부정의에 철저히 침묵하던 시기였어요. 그래서 복음 전도와 사회 참여는 선교의 두 날개와 같다, 논리적으로는 구분되지만 실제로는 구분되지 않는다는 로잔 언약의 선언이 제게는 복음처럼 들렸죠.

그런데 이론적 관심을 떠나 비그리스도인들과의 관계를 구체적으로 실천하는 통로를 찾은 것은, 제 신앙의 멘토 오스데반 선생님이 신학을 공부하신 후 불현듯 몽골 선교사로 나가신 뒤부터였어요. 저는 오선생님과 고등부 이후로도 인연을 맺으며 교제하고 있었는데, 적어도 제가 알기로 이분은 선교에는 그다지 관심이 없었습니다. 그래서 어느 날 갑자기 선교사로 나가신다는 소식에 정말 놀랐죠. 그리고 이후에 저도 안과 환자를 진료하고 개안수술을 통해 빛을 찾아 주는 비전케어와 함께 스승이 계신 몽골을 방문하게 되었습니다. 그때 제가 일종의 회심을 경험했어요. 첫 번째 회심이 성경으로의 회심이었다면, 두 번째 회심은 선교로의 회심이었던 것이죠.

사실 선교는 좁게 보자면 타문화 복음 전도지만, 크게 보자면 기독교와 세상이 관계하는 방식이라고도 할 수 있어요. 그런데 저는 그때 이미 서구 중심적이고 공격적 성향이 강한 기독교 세계관의 방식과 전통적 선교 방식에 회의를 품고 있었죠. 그래서 기독교가 세상과 관계하는 다른 방식에 관심을 갖기 시작했습니다. 그때 만난 중요한 스승들이 바로 '세계기독교' 학자들과 레슬리 뉴비긴 같은 분들이었어요.

제2차 세계대전 이후로 기독교의 중심이 서구에서 비서구 지역으로 옮겨 가는 커다란 변화가 있었는데요. 이 변화의 의미를 학문적으로 정리한 것이, 앤드류 월스나 마크 놀, 라민 사네 같은 복음주의권 역사학자 및 선교학자들이 주축이 되어 탄생한 '세계기독교'입니다. 앤드류 월스는 역사적으로 볼 때 기독교 복음이 끊임없이 문화의 장벽을 넘어왔을 뿐 아니라 전파된 지역의 문화에 맞추어 무한히 재번역되어 왔다고 말합니다. 그리고 이러한 기독교의 재번역은 '정통'으로부터의 일탈이 아니라 이전의 기독교가 간과한 복음의 새로운 면모를 발견하는 과정으로 여겨져야 한다고 강조합니다. 또한 어떤 그리스도인 집단도 특정 형태의 기독교를 그리스도의 이름으로 다른 그리스도인 집단에 강요할 권리가 없으며, 특정 시대나 상황에서 가장 중요하게 여겨졌던 신학적 주제가 새로운 문화에서도 당연히 동일한 중요성을 가진다고 여겨서는 안 된다고 말하죠. 마크 놀은 이런 생각을 "이신칭의와 만인제사장설 같은 전통적인 루터파 공식이 21세기 아프리카에서 16세기 독일에서만큼 강력한 목소리를 낼수 있을까?"라는 강렬한 질문으로 표현했어요. 한마디로 '세계기독교'는 서구 기독교만이 표준적인 정통 기독교로 여겨지는 시대가 지났다는 선언이라고 할 수 있습니다. 저는 이 저자들을 통해 서구 중심성과 공격성이라는 기독교 세계관의 문제를 극복할 단서를 발견했습니다.

영국인으로서 오랫동안 인도 선교사로 헌신했던 레슬리 뉴비긴의 관심은 잃어버린 기독교 세계를 어떻게 회복하느냐가 아니라, 다원화된 사회에서 어떻게 신실한 그리스도의 증인으로 살아갈 수 있느냐였어요. 우리 같은 비서구 사회 그리스도인들에게 매우 적실한 고민이죠. 그는 선교의 주체는 삼위일체 하나님이고 교회는 그 도구일 뿐이라고 말해요. 선교란 '교회의 선교'가 아니라 '하나님의 선교'라는 말이죠. 만약 선교가 교회의 일이라면, 선교는 사람들을 교회로 이끌기 위해 말로 전하는 복음 전도와 완전히 동일해집니다. 봉사나 사회 참여는 기껏해야 사람들을 교회로 이끄는 미끼 정도의 의미밖에 가지지 못하죠. 그러나 선교의 전 과정을 삼위일체 하나님이 주도하신다면, 그리스도의 마음으로 소수자와 약자를 섬기거나 부정의와 불평등을 해소하기 위해 노력하는 일도 그 자체로 훌륭한 선교 행위가 됩니다. 이러한 뉴비긴의 생각은 그리스도인들이 세상과 어떻게 관계 맺어야 하는지에 대해 제게 큰 가르침을 주었죠.

말씀하시는 동안 부단히 성경의 핵심 정신과 세상 속에서의 실천 방향을 찾으려는 선생님의 집념을 느낄 수 있었습니다. 마지막으로, 오늘 우리의 성경 읽기와 관련해 한 말씀 부탁드립니다.

우선, 진리 수호라는 목표를 위해 성경을 읽거나 사용하지 말라고 말씀드리고 싶어요. 물론 그리스도인이라면 당연히 성경에 하나님 말씀이 담겼다고 믿고 진지하게 읽고 실천해야겠죠. 그런데 자신이 속한 신학 전통의 해석만이 유일한 진리라고 주장하거나, 그 해석을 타자를 배제하고 억압하는 수단으로 삼는 것은 문제입니다. 저는 어떤 그리스도인이 성경의 특정 본문을 자신에게 엄격하게 적용하는 것에는 이의가 없습니다. 다만 자신의 해석과 적용을 다른 모든 그리스도인들, 심지어 비그리스도인에게까지 올바른 믿음의 길이라고 강요하는 것은 강하게 거부합니다. 기독교의 진리는 혐오나 배제나 폭력이나 강요를 통해 '수호되는' 것이 아니라, 섬김과 희생과 모범과 고난을 통해 스스로 '드러나는' 것이라는 사실을 꼭 기억했으면 좋겠습니다.

두 번째로는 성경을 통독하라고 말씀드리고 싶습니다. 큐티가 좋기는 한데 전체 문맥을 파악하지 못하게 돼요. 그래서 반드시 통독과 병행해야 한다고 생각합니다. 그리고 통독하기 전에는 반드시 좋은 개론서를 읽어 보실 것을 권해요.

세 번째는 낯설게 읽기입니다. 낯설게 읽을 때 유용한 전략들 몇 가지가 있어요. 첫째는 족보나 명단 또는 평소에 잘 접하지 않는 낯선 본문들을 선택하는 것입니다. 제가 청년부 부장 시절 청년들과 함께 이 방법으로 공부해 보았는데 반응이 아주 좋더라고요. 둘째로, 주석이나 연구서 읽기를 추천합니다. 자신이 기존에 갖고 있던 관념들과 전혀 다른 신학을 가진 주석을 참고하는 것은 낯설게 읽기에 큰 도움이 되겠죠. 셋째로, 동시대의 눈으로 읽기, 즉 1세기로 돌아가 고대 근동의 눈으로 읽는 겁니다. 마지막으로, 신학 외에 문학, 역사학, 종교학, 인류학 등 다른 분야의 안경을 끼고 읽기를 시도해 보시면 좋겠습니다.

고대 근동의 눈으로 성경을 낯설게 읽어 낸 대표적 방식이 '새 관점'이겠죠. 샌더스나 톰 라이트 같은 새 관점 학파 대표자들은 예수님 당시 유대 문헌의 광범위한 연구를 통해 '오직 믿음으로'를 중심으로 바울 서신을 이해했던 전통적 개신교의 방식이, 결국은 위대한 종교개혁자 루터가 자신이 살았던 16세기의 고민을 역투사해서 성경을 읽어 낸 결과였다고 주장합니다. 고대 근동의 눈으로 읽어 보니 이신칭의라는 개신교 신학의 중심 주제조차 흔들리는 결과가 초래된 것입니다. 그밖에도 바울 서신을 읽을 때 동시대 저자들의 서술 방식인 수사학의 눈으로 본문을 보거나, 당시 사회를 지탱하는 중요한 제도였던 후견인-피후견인 체제, '명예-수치' 문화라는 배경에서 본문을 살피면 이전까지 전혀 알지 못했던 흥미로운 사실들이 보입니다.

그런데 다른 학문을 통해 성경을 낯설게 읽으려고 할 때 두 가지 유의할 부분이 있어요. 바로 순수성에 대한 강박과 최종심급이 되려는 강박을 버려야 한다는 것입니다. 정통과 보수를 자랑으로 삼는 그리스도인일수록 성경 연구에 다른 학문의 도움을 받는 것이 탐탁지 않은 것 같아요. 성경을 읽거나 공부하는 데는 성경 자체만으로 충분하다는 것이죠. 그런데 사실 어떤 성경 해석이나 신학도 하늘에서 떨어지지 않았습니다. 모든 기독교 신학은 동시대의 최신 학문과 영향을 주고받으며 만들어지고 발전되어 왔거든요. 흥미로운 예가 라틴 신학의 아버지라 불리는 초대 교부 테르툴리아누스입니다. "예루살렘과 아테네가 무슨 관계가 있느냐?"는 유명한 발언은 기독교 신학이 세속 학문의 도움을 받는 것을 경계할 때 흔히 인용됩니다. 그런데 기독교 역사가 최종원 교수님은 《초대교회사 다시 읽기》에서 테르툴리아누스가 헬라 철학을 거부한 것은 사실이지만 그 역시 자신에게 익숙했던 로마법 체계를 토대로 신학을 세웠다고 말해요. 아테네를 떠나 예루살렘으로 향한다고 주장했지만, 그가 실제 도착한 곳은 로마였다는 것이죠.

그리고 신학을 최종심급의 자리에 올리려는 강박을 버리라는 말씀을 드렸는데요. 대부분의 그리스도인들은 다른 학문의 결과가 성경 내용과 부합할 때 그 학문이 성경의 진리성을 '입증'해 준다고 말합니다. 그런 생각은, 신학이야말로 학문의 왕이며 모든 학문은 성경의 진리성 입증에 기여해야 한다는 암묵적 전제를 깔고 있습니다. 그런데 과연 오늘날 신학이 타 학문 분야를 압도하는 엄밀성과 세상을 바꾸는 능력을 갖고 있다고 자신할 수 있을까요? 대부분의 그리스도인들이 세속화라는 말을 부정적 뉘앙스로만 사용하지만, 사실 세상이 세속화된 이유는 '세속'이 그만한 능력을 보여 주었기 때문입니다. 저는 이제 신학이 삼라만상의 최종심급이 되려는 강박을 버리고, 오늘날 여러 학문 분야들이 성경에 애매하거나 불충분하게 언급된 부분을 더 정확하게 밝혀내고 있음을 인정해야 한다고 봅니다. 모든 것을 성경 텍스트로 끌어오려 하지 말고 성경 텍스트로부터 타 학문의 성찰로 나아가 귀를 기울여 보는 것입니다.

대표적으로 '죄'에 대한 몇몇 학자들의 통찰을 예로 들고 싶은데요. 르네 지라르와 한나 아렌트같이 비교적 잘 알려진 학자들입니다. 프랑스의 석학인 르네 지라르는 모든 문명이 예외 없이 인간의 원초적 욕망으로 인한 사회의 무질서와 혼란을 방지하기 위해 복수가 불가능한 연약하고 무고한 사람을 희생양 삼아 살해하는 '초석적 살해'를 바탕으로 형성, 유지되어 왔다고 말합니다. 그뿐 아니라 모든 문명은 어느 정도 시간이 지난 후 이렇게 살해된 희생양들을 우상화하여 제의의 대상으로 삼아 왔으며, 인류의 모든 신화와 영웅 이야기는 예외 없이 희생양에 대한 집단 폭력을 은폐하기 위해 쓰인 '박해의 텍스트'라고 주장하죠. 그러나 지라르는 일견 흔한 '박해의 텍스트'처럼 보이는 복음서의 수난 이야기는, 예수 그리스도께서 세상의 모든 희생을 담당한 희생양이 되셔서 박해와 희생양의 악순환을 한 번에 끝냈다는 사실을 보여줌으로서 희생양 메커니즘 자체를 해체하는 놀라운 텍스트라고 강조합니다. 이러한 이해에 따르면 '죄'란 예수 그리스도가 십자가를 통해 폭로하고 극복한 희생양 메커니즘의 망령을 다시 불러들여 무고한 소수자나 약자를 희생양 삼아 자신들의 폭력성을 은폐하려는 행위를 가리킵니다. 저는 르네 지라르의 이해가 오늘날 성경이 말하는 '죄'가 세상에서 구체적으로 어떻게 작동하고 있는지, 그리고 그리스도인들이 어떻게 그 집단적 죄에 가담하고 있는지 생생하게 보여 주는 좋은 예라고 생각해요.

정치철학자 한나 아렌트는 제2차 세계대전 당시 유대인 대학살을 실무적으로 기획했던 사람 중 하나인 아이히만에 대한 세기적 재판을 참관하고 그 결과를 《예루살렘의 아이히만》이라는 책에 담았어요. 그런데 그 책이 엄청난 논란을 일으켰습니다. 아렌트는 아이히만을 살펴보면서 처음에는 그가 너무도 평범해 보인다는 사실에 놀랍니다. 그런데 자세히 살펴본 결과 그에게 타인의 고통에 공감하는 능력이 결여되었을 뿐 아니라, 타인의 입장에서 생각할 수 있는 능력도 존재하지 않는다는 사실을 발견하게 됩니다. 그래서 아렌트는 '악의 평범성'이라는 유명한 말을 남기죠. 사실은 '진부성'이 더 정확한 번역입니다. 홀로코스트라는 절대악은 일반인들이 가지지 않은 특별한 마성을 가진 사람이 아니라, 모든 일반인이 다 가진 공감 능력, 타인의 입장에서 생각하는 능력을 갖추지 못한 '진부한' 사람이 저지른 일이라는 거예요. 이 부분은 선은 실체지만 악은 실체가 아닌 선의 결핍에 불과하다는 아우구스티누스의 이해와 일맥상통하는 면이 있습니다. 어쨌든 타자에 대한 비공감과 비사고야말로 '죄'의 본질이라는 인식이야말로 정죄와 혐오의 영에 사로잡힌 오늘날의 한국 사회와 한국 교회가 귀 기울여야 할 가장 적실한 죄론이 아닐까 생각합니다.

'살아 숨쉬는 책'이 이끈
다섯 빛깔 만남

우치무라 간조는 "성경은 과거의 기록이지만 살아 숨쉬는 오늘날의 책"이라고 했습니다. 이 '살아 숨쉬는 (과거의) 기록'을 열린 눈으로 읽고 묵상하며 오늘의 실생활에 적용하여 삶으로 살아내는 일은 모든 그리스도인에게 주어진 과업일 것입니다.

그리스도인은 세상 속에서 '하나님 나라'를 성취하기 위해 살아가는 소금과 빛의 존재라는 사실을 이미 오래 전에 배웠습니다. 하지만 세상 속 일상의 삶에서 어떻게 실천해 나가야 하는지는 늘 만만찮은 과제였습니다. 그리하여 성경의 텍스트와 현실의 콘텍스트 사이에 존재하는 간극을 어떻게 메우고 극복해 나가야 하는가 하는 고민을 늘 지니고 살아왔습니다.

그 고민이 다섯 분의 인터뷰이를 만나고자 한 출발점이 되었습니다. 그래서 같은 시대, 같은 사회를 살아가는 그리스도인으로서 세상 속에서 치열하게 성경 말씀을 살아내고자 씨름하고 몸부림치는 이들의 이야기를 직접 듣고 싶었습니다. 어떤 틀에 박힌 신학 사조나 교단 신학에 갇힌 성경 읽기가 아닌 주체적인 성경 읽기와 묵상, 실천을 통해 사회 각 분야에서 소금의 맛을 잃지 않고 살아가는 평신도 그리스도인의 생생한 목소리를 전하고 싶었습니다. 그뿐 아니라 이분들을 통해 그리스도인으로서 세상 속에서 부름 받은 삶을 어떻게 살아가야 하는지, 오래도록 지녀온 고민의 실마리를 찾고 싶었습니다.

이 책을 통해 만나는 인터뷰이들은 자기 삶의 영역에서 오늘에 이르기까지 성경의 가르침을 가슴에 품은 채, 오롯이 삶으로 살아내고자 씨름해 온 그리스도인들입니다. 모쪼록 이들 우리 시대 평신도 그리스도인의 분투하는 성경 읽기와 치열한 말씀 살기가, 오늘 삶의 자리에서 각양각색으로 고군분투하는 이 땅의 그리스도인들에게 작은 위로와 용기, 도전이 되기를 바라는 마음 간절합니다.

끝으로 세상 속에서 '하나님 나라 밀정'의 삶을 부족하나마 힘써 감당해 가려는 저희 팀의 인터뷰 구상과 진행 과정에 도움을 주신 모든 분께 진심으로 감사드립니다. 무엇보다 저희의 아이디어와 제안에 흔쾌히 동참해주신 다섯 분의 인터뷰이, 권일한·남기업·송인수·정병오·정한욱 선생님께 깊이 머리 숙여 감사드립니다. 이 인터뷰

구상 초기부터 깊은 관심과 애정으로 동행함으로써 한 권의 책으로 결실을 보게 한 옥명호 잉클링즈 대표와 거친 인터뷰 원고를 매끄럽게 다듬어준 정효진 편집자에게도 깊은 감사를 전합니다. 아울러 이 책을 선택하고 다섯 편의 인터뷰에 귀 기울여 주신 독자 여러분께도 깊은 고마움을 전합니다.

2022년 12월,

삼사오 기획팀 임석용·김지섭·온상원

읽다 살다

우리 시대 평신도 5인의 분투하는 성경 읽기

1판 2쇄 펴냄 2023년 4월 12일

구술 권일한 남기업 송인수 정병오 정한욱
인터뷰 진행·정리 임석용 김지섭 온상원

펴낸이 옥명호
편집 정효진 옥명호
디자인 김진성
제작처 예원프린팅

펴낸곳 잉클링즈
출판등록 2010년 5월 31일 제2021-000073호
주소 03140 서울시 종로구 삼일대로 428, 5층 500-27호 (낙원동, 낙원상가)
전화 02-334-5382 **팩스** 02-747-9847
이메일 inklings2022@gmail.com

ISBN 979-11-975987-3-9 03230